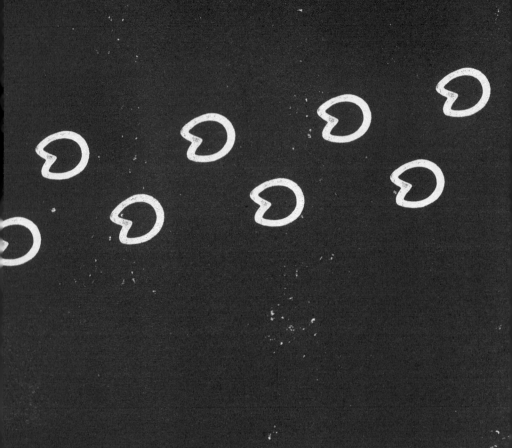

GO BACK

The Donkey Principle:
The Secret to Long-Haul Living in a Racehorse World
驢子法則
Rachel Anne Ridge
瑞秋・安妮・里奇／著
陳筱宛／譯
人生很長，
跑得快的
不一定笑到最後

推薦序

面對人生岔路：問別人、問命運，也別忘了問自己

瑪那熊

仔細回想日常生活、職場經歷，會發現我們很常在「提問」，而且問的對象絕大多數是別人：同事、朋友、家人、伴侶……

「你覺得這樣好嗎？」

「妳覺得這適合我嗎？」

「你覺得我應該接這 case 嗎？」

「妳們覺得我跟他繼續下去好嗎？」

我們很常問別人問題、請教別人的看法與觀點，卻很少「問自己問題」。當

然，這裡指的並非問自己「等會兒午餐要吃什麼？」（雖然有些人連這也習慣問別人），而是指在人生旅程中、需要做出某些決定時，我們傾向獲取親朋好友的意見，或是求神問卜企盼找出「正確答案」。

幾年前我面臨職涯的重大抉擇：該繼續待在原本的單位擔任正職，還是要辭職成為 Freelancer 靠自己接案？不免俗的，我也詢問了許多前輩、同儕，得到了豐富多元的意見與觀點，這讓我非常感謝他們。請注意，我絕非要勸阻你「別向別人提問」，而是在蒐集資訊後，你需要做的是「向自己提問」。我當時心裡傾向辭掉正職工作，但對成為 Freelancer 又非常猶豫。於是我問自己的第一個問題是：「為什麼不想這麼做？」這可簡單啦，我輕鬆就列出一堆理由來勸退自己：收入不穩定、風險較高、不再有人每個月固定打錢進來、有家庭要養等等。接著我又問自己另一個問題：「那為什麼我想這麼做？」

我想要有更多時間陪伴家人、參與孩子的成長、接觸不同的客群與挑戰、擁有更高的時薪等等，還有最重要的理由：我想要擁有更多的自由、下班後還能看到太陽（咦？）。當時我腦中浮現的是，梅爾・吉勃遜在《英雄本色》中吶喊的那句

「Freedom！」

當我問完自己這兩個問題後，心中的天秤已經開始倒向了後者：離職創立一人公司、自己接案。於是我讓理性再次上線，問了第三個問題：「該怎麼做？」

我拿了大張A3白紙，開始寫下目前擁有的優勢、成為Freelancer需要建立的資源，並且開始規畫時程。在一段時間的準備（是的，我沒有腦衝隨便就裸辭），加上某個契機，我真正下定決心並離開了原本單位，踏上自己接案的職涯旅程。迄今，我絲毫不後悔這個決定，並感謝自己當年的勇氣。

因緣際會，前陣子幸運閱讀到《驢子法則：人生很長，跑得快的不一定笑到最後》，光是第一個章節我就深深被震撼與感動到。作者從「意外收養了驢子」這事件中，分享三個對我們做決定很有幫助的提問：「有何不可呢？」「那會是什麼樣子呢？」「什麼時候要？」，我驚訝地發現，這些與我當年問自己的問題非常相似，卻更加精確且有效。

「有何不可呢？」除了幫自己找出擔心猶豫的理由外，更有一種「你其實可以試試看」的鼓勵性質。「那會是什麼樣子呢？」則讓我們透過想像畫面、思考未來，釐清自身的期待，並提供改變的動力。「什麼時候要？」則阻止我們因一時衝動而急於行動，也避免總是嘴砲打高空；透過建立行程表，來讓自己起身而行、踏出第一步。最棒的是，這本書在每一小節後面，都附有簡單的小作業，讓你可以消化，並將作者的提醒內化成自身的心態觀念，運用於生活之中。同時，這本書不是那種強調「贏過別人」「權謀爭霸」的致勝手冊，而是帶領我們回到自己內心，重新整理過去、聚焦此刻並規畫未來，建立你想要的人生模式。若你目前覺得生活有點雜亂、心情有些煩躁，或對未來感到困惑，都非常推薦來閱讀這本輕鬆卻充滿哲理的好書！

（本文作者爲諮商心理師、溝通表達講師）

推薦序

「驢子法則」讓我對驢子的想法改觀

鄭匡寓

看完這本書，是不是該重新定義驢子，給予一個更好評價？要知道，我們畢竟都把驢子黑這麼久了：你這麼驢！

有一回偕家人到東海岸的生態農場，為群眾講解的是一名年近七十的老大哥。戴著斗笠的他才把牧草擺好，在柵欄前，有個孩童就指著驢子說：「迷你馬！」老大哥滿懷笑意糾正了他：「不是，這是驢子。」

他說：「驢子跟馬不一樣喔，驢子很有力氣，肯吃苦，而且很溫馴，跟我們台灣人一樣喔。」比起牛隻，驢子不只更親人一點，也是勞動工作的左右手。搭載牧草的四輪車故障時，老大哥會把牧草架在驢子身上，為其他牧場動物送糧食。

驢子給人的印象是吃苦耐勞、與世無爭的模樣，相較於馳騁沙場的紅鬃烈馬少了英氣、也少了魅力。但驢子的氣魄在這「事在人為」的時代，反而會比烈馬的英姿更能站穩腳步。牠們耐得住長時間行走，能撐托上百公斤在崎嶇的道路上走五、六個小時，而且目光是高瞻遠矚，姿態卻相當低調。

閱讀《驢子法則：人生很長，跑得快的不一定笑到最後》，確實讓我對驢的想法改觀。說來，瑞秋．安妮．里奇還真的養了一頭驢「閃電」（後來還養了亨利），定位不是寵物，是與人作陪的朋友。閃電在瑞秋崩潰的時候出現在她的身邊，彷彿是上帝派來的使者，用驢步陪著瑞秋走過四季。驢子走得不如馬快，卻勇敢而偏執地朝目標邁進，瑞秋因此創了個「驢子法則」：當你擁抱內心的驢子，就能找到自己注定要去做的有意義工作，而且能在其中茁壯成長。

在書裡，瑞秋跟讀者分享了從驢子身上獲得的智慧，旁徵博引數不清有關驢子的故事來印證驢子法則。閱讀過程中不時回頭想想，許多成功人士（無論是世俗或非世俗的成功）都或多或少印證了驢子法則的概念。成功需要耐心等待，成功需要堅持貫徹，成功也要你不輕易放棄、要有一份倔，擇善固執。如同熱愛競技的執著運動員，保持長期堅持的日常一致性。堅持會決定你能走得多遠，以及走出什麼樣的成就。

閱讀過程中，偶爾停下來反思自我，如同驢子，縱使稍有停頓省思，也莫忘堅持的目標。我把「驢子法則」收進心底，也希望這本書能讓你跟我一樣驢。

（本文作者爲「前往下一頁的反圖書館」粉專、博威運動科技總編）

推薦序

驢子展現了我們希望能培養的最好特質

鮑伯．戈夫

我在不久之前買了一座有五十年歷史的青少年營地。那裡聞起來像是有數百個沒洗澡的國中男孩住過。我們把牆壁拆到剩下牆間柱，雙層床送人，清理房間隙縫中找到的所有彩虹糖，並重新調整建築物的用途，包括改為成年人會覺得舒適的套房。我們做的最後一件事是買下相鄰的一塊地，把它變成農場。我對農場經營一無所知，卻立刻開始集結各種動物。我們買了一對對的家禽與家畜，有雞、羊、牛、豬和馬，彷彿再現了諾亞方舟的兩兩成對。我不禁好奇，諾亞在啟航前讓兩隻白蟻搭上他的木船時，心裡作何感受？馴服總是得付出代價。

來到我們營地的大多數人跟我當初一樣，缺乏與農場動物為伍的經驗。那些對穀倉很熟悉的人都問了相同的問題：「你們怎麼不養幾頭驢子呢？」起初我以為他們是在開玩笑，但我很快就發現，一座農場沒有一、兩頭驢子，就少了某種重要的東西。原因如下：驢子討人喜歡又溫順，對自己信任的人極其忠誠。牠們會保護其他動物，與周遭動物建立起深厚的情誼。簡而言之，牠們展現了我們希望能在自己人生中培養的最好特質。

老天爺常常會讓最不可能的老師出現在我們的道路上。你我每個人都得到同等分量的禮物，那就是聆聽他們教誨的機會。你在這本書中會學到關於驢子的事，當中很多可能以前都沒聽過。當你讀完本書，瑞秋並不希望你把美好的生活建造成一座業餘愛好的農場，而是期盼你能把它變成一個工作牧場。這並不只是一頭特定驢子的故事，更是關於你我的故事——探討我們如何成長，以及只要願意，我們可以從生活中學到什麼。

歡迎來到瑞秋的牧場。

（本文作者爲《爲愛做點傻事》作者）

好評推薦

成為真實的模樣，更有機會讓自己閃閃發亮。感謝驢子所帶來的智慧，與作者深刻的詮釋，讓我們能擁有自己的故事！

——洪仲清，臨床心理師

快速瀏覽後發現，我就是一隻（可愛的）驢子啊！GOLD法則也是我一路走來的體會，對於生命的理解。三十四歲透過書寫抒發婚變的痛楚、生命的感悟，接著就意外被出版社看見，三十六歲出書至今，很多人對我的印象都是作家。還因為作家角色太鮮明，後來經常受邀上電視、廣播、PODCAST擔任專家來賓、各種商業合作及演講，甚至讓不少朋友誤以為我已經轉行，不再從事心理治療工作。

但我從來沒有停止執業，只是從原本的單一專業，成為多元斜槓，卻也因此槓出生命的熱情，挖出更多人生中未知的金礦。

——洪培芸，臨床心理師、作家

如果說有誰體現了本書描述的很有影響力的原則，那就是我的朋友瑞秋。過去二十年來，我一直最了解她的生活。當一個人始終堅持展現真實自我、創作能力和獨特目的，每個季節都是一幅美麗的人生風景。瑞秋、閃電和亨利對我的人生產生很大的影響。多年來，他們不斷提醒我要過著覺察、謙虛、深入的生活。誰知道兩頭驢子竟然能做到這一點呢！這本書太棒了，每一頁都吸引著我，讓我微笑、反思和思索未來。全書每章都充滿瑞秋誠摯的個人經驗和實用原則，會驅使你去問困難但必要的問題。接著催促你在商業、人際關係，以及生活的絕大多數面向提升到更高的層次。所以請拿起筆來閱讀本書。待沉澱過後，再從頭讀一遍。

——普莉希蘭．夏爾（Priscilla Shirer），暢銷書作家

我喜歡這本書，相信你也會喜歡。瑞秋就是你我。她和兩頭珍貴的驢子一起學到的體悟是實用、可行的，而且對長遠發展充滿了希望。

——席拉·沃許（Sheila Walsh），暢銷書作家

對於曾自覺像是一頭毛茸茸的驢子誤入耀眼純種馬群間的人來說，這是一本必讀好書。本書為你的靈魂提供了它一直渴望的許可和鼓勵。瑞秋·里奇以讓人有共鳴的真實性和實際應用，邀請讀者和她的驢子閃電與亨利一起在牧場上徜徉，想像另一種不同的生活方式：擺脫比較陷阱的生活、充滿意義和目標的生活、一種尊重和擁抱所有人內心驢子的生活。

——珍妮佛·馬歇爾·布萊克利（Jennifer Marshall Bleakley），《Joey》《Project Solomon》作者

太讚了！我再也不會用同樣的方式看待驢子了。這迷人的動物有好多事可以教我們，像是如何生活、找到目標，以及與神同行。你的旅程最好的嚮導，莫過於瑞

秋・安妮・里奇了。

——韋麗莎（Lisa Whelchel），演員、作家

正如瑞秋・安妮・里奇在這本傑作當中所說的：「凡是決心堅持下去，願意一次又一次深入內心掘出寶藏的人，都能得到珍貴的金子。」我雖然沒有成為醫生或律師，但五十年來我一直走在書中描述的道路上。我的驢子小傑克霍納和我發現了「珍貴的金子」，也找到了超乎自己想像的快樂！瑞秋勾勒了一張通往真正成功和滿足生活的地圖，它是如此簡單，卻又如此有價值！「當我們不再偽裝自己，而是成為最真實的自己時，快樂就會到來。」

——梅瑞迪斯・哈吉思（Meredith Hodges），幸運三牧場創辦人

如果你常為自信不足和比較心態所苦，這本書能讓你耳目一新。它讓你擁抱自己旅程的獨特性，並賦予你力量，開闢一條道路，通往你定義的成功。請抱持驢子

敏銳的好奇心對待生活，見證奇蹟的發生！

——艾莉森．朗巴提斯（Alison Lumbatis），

企業家、作家、演說家

這位高明的作家和她心愛的驢子閃電的美好相遇，帶來了一本人人適用的人生法則書。所有的靈感全都源自一頭驢子，這教導我們永遠別低估以最簡單的形式——比如一頭毛茸茸的朋友——獲得的啟迪與智慧！

——辛蒂．歐文（Cindy Owen），

給予娛樂（Given Entertainment）創辦人

目次

發揮你的獨特優勢
Lean In to Your Unique Strengths

達成任務
Deliver Your Work

Your life is a gold mine
that's filled with treasures just
waiting to be unearthed.

你的人生是一座金礦，
裡面全是等你去挖掘的寶藏。

前言

擁抱內心的驢子

小伙子已經在門口等我了。我收養的兩頭流浪驢子，閃電和亨利熟悉這套標準程序：如果想進入長著「美味青草」的院子（這是牠們的看法，不是我的），就得先安安靜靜地站著讓我清理牠們的蹄子。我的口袋裡藏著一疊全麥餅乾，牠們只要每次配合抬蹄，就獎賞一口餅乾，但牠們已經四處張望，希望能搶到最愛的零食。

我笑著斥責牠們：「你們知道規矩吧。」亨利領頭排隊，牠圓滾滾的身體不偏不倚地擋在閃電前方。牠把重量從右前腳移開，讓我能抬起牠的腿，開始用一把小型金屬工具挑出牠蹄間的淤泥。

「老弟，做得好。」我一邊輪流處理牠的四隻蹄子，一邊告訴牠。當牠熟練地咬住並開心地嚼著餅乾時，柔軟的嘴脣輕搔著我的手掌。亨利認為自己做得很棒，理應得到額外的獎勵。「你是對的，亨利。」我邊說邊掰了另一塊餅乾給牠。閃電不耐煩地等著輪到牠，耳朵倒向後方，嘴脣抿得筆直，表現出牠對排在第二順位和最後一個才能吃到零食很是氣憤。

「好啦，閃電。讓我們看看你的狀況。」那天早上我得搭飛機，不過並不急。我拂亂閃電的多色鬃毛，沿著獨特的十字形斑點撫摩牠的肩膀。當我清理閃電的蹄子時，一邊讚賞牠的蹄子是如此強壯，非常適合在崎嶇的荒野長途跋涉。我的手滑下閃電強壯的腿，用理當應得的零食和最後在牠屁股上抓抓癢，當成這回合的結束。

我受邀參加一場慶賀女性成就活動的座談會。主辦單位要求每個與談人都得發表對「成功」的看法，並分享自己這一路上學到的教訓。雖然聽來奇怪，但**我的**成功絕大部分得歸功於這兩頭驢子，牠們現在正劇烈抖動耳朵和不停咕噥，為最後一塊全麥餅乾爭執不休。牠們的故事和經驗寫進了我的書中，幫我轉換事業跑道。我很確定自己的旅程跟其他與談人的很不一樣，但也知道我的獨特故事有許多面向能引起台下聽眾的共鳴。

你瞧，我直到三十五歲才第一次拿起畫筆，展開藝術生涯。我九年級的美術老師勸我退選他的課，因為我完全沒有藝術天分。後來我花了幾十年的時間才鼓起勇氣嘗試創作。他苛刻的批評讓我相信自己並不擅長真心想做的事，也就是藝術創作。

最後，我是在絕境下報名參加附近手工藝店的繪畫課程。我愛上了繪畫，開始裝飾家中不會動的所有東西，包括家具、櫥櫃、牆壁、天花板。我的嗜好在不知不覺間已發展成一份持續了二十年的事業，從壁畫家、布花設計師，到為住宅和企業客戶創作原創的藝術作品。

但開闢自己的創作道路不容易——事實上，這有時是一場艱難的生存之戰。

我沒有藝術方面的學位或資歷。

也沒有祖產能支持我的夢想。

更沒有適用於這類事業的商業背景。

這趟旅程需要韌性和足智多謀，對不斷變動的需求和經濟挑戰做出靈活的反應、在工作中學習的謙虛態度，以及遇到困難時堅持下去的頑強毅力。

閃電是我收養的第一頭流浪驢，牠降臨到我家車道上（的確是「降臨」）的時候，正是我的事業跌到低谷。牠像是給原本就很吃緊的生活添亂，但我和家人收留了牠。我體認到，驢子是韌性、勤奮、服務、魅力和忠誠的象徵。慢慢的，我開始把閃電視為我個人的恆毅力與決心的楷模。透過擁抱「內心的驢子」，我在坎坷的創業生活中找到自己的出路，也發現要在這世上做有意義的工作所需的性格和決心。

結果是什麼呢？我在五十歲那年出版了第一本書！《閃電：無家可歸的驢子教我關於生活、信念和第二次機會》（*Flash: The Homeless Donkey Who Taught Me about Life, Faith, and Second Chances*）出奇成功，甚至還預定要拍成電影。在出版了幾本書和完成幾項插畫案件之後，我的創作路再一次轉彎。我開始在全美各地發表演說，為個人和團體提供人生建議。正是「實現自己夢想、從事我目前這份工作」這條不太可能的道路，為我在即將到來的座談會贏得一席之地。

經過短暫的飛行和飯店住宿後，我穿上特別為這項活動添購的新行頭。當我在與談來賓當中就座時，興奮感越來越強烈。禮堂裡的觀眾安靜了下來，舞台上的燈光亮起。運氣真背，我是最後一個被介紹的。我的信心在這個過程中受到打擊。我口乾舌燥。隨著其他與談人令人印象深刻的簡歷被一一念出，我的胃開始翻騰，臉漲得通紅。我一邊聽著他們無比厲害的教育背景、企業職務、獲獎紀錄、居中促成的交易和備受尊崇的董事身分，一邊等待自己平淡無奇的簡介被念到。我**怎麼會**以為自己的履歷對這項活動來說夠強、夠稱頭呢？我的興奮感在短短幾分鐘內變成了徹底困窘。

我不屬於這裡。

我覺得好蠢。

好蠢，真蠢，蠢透了。

我怎麼會認為自己適合這種企業活動呢？

在那一刻，我只想鑽進舞台上的洞裡，消失無蹤。四下看不到任何活板門，我試著思考還有哪些選項。我可以從口袋裡掏出手機，舉起手指表示有緊急情況，接著奪門而出！**這個辦法好！我就這麼做**。我正開始彎起手指握住手機，就聽見有人介紹我的名字和工作經歷。

太遲了。

我覺得在這群與談來賓當中，自己就像一頭不體面的驢子，混進耀眼的純種馬群裡頭。

不體面、愚鈍、荒唐可笑、不配。

與世上耀眼的賽馬相比，我的職涯亮點顯得毫不起眼，甚至有點傻氣。

我顫抖著深吸了一口氣，此時我想起：**擁抱你內心的驢子。肯定帶你來到這裡的故事**。我想到台下所有聽眾也聽見了這些傑出的個人介紹，現在正拿它們與自己冗長無趣的故事做比較。或許他們也覺得自己不合格。**富人與窮人。耀眼和不體面。**

你和我是同一掛的。我們全都竭盡所能隱藏自己經歷過的掙扎、挫折與磨難、傷痛和失望，為了來到這裡而必須穿越那些布滿石塊的道路。我們會試著用最得體的角度述說自己的故事，並暗自期盼沒有人會問太多問題，或者戳破我們的說法。我們想要美化自己的個人簡介。不知道從什麼時候開始，我們已經相信：「別人都是一帆風順地取得今日成就，**唯獨我**像是一頭不體面的驢子，步履艱難地走在曲折的道路上，很勉強才抵達終點線。」我們忘了看見穿越崎嶇難行的地帶和沒有標誌的道路，需要多麼驚人的勇氣和毅力，才能帶著自己實現人生目標。

我望著眼前眾人的臉，意識到大多數人都覺得自己是無所歸屬的異類，等待有機會能活出充滿創造力、有意義的豐富人生。我們努力想像自由奔跑、快樂生活、懷抱夢想，以及感受自身的力量推動自己前進是什麼模樣。我們想成為更好的領導者、擁有更深刻的人際關係、有明確的人生目標，但這些事物似乎只屬於「富人」和「傑出人士」。我們的社群媒體帳號讓自己覺得一切都太過平凡，完全不值得發文分享，跟社群動態上的漂亮網紅相比，簡直無趣。

但老實說，在這個歌頌賽馬的世界中，所有人有時都會覺得自己像是驢子。

等到終於輪到我發言時，我已重拾了自信。原來，最真實的我不需要常春藤名校的履歷也能影響世界。我的故事帶我兜了個圈子又回到那些驢子身上，以及一個簡單隱喻觸發想像力的力量。我意識到閃電和亨利確實是創造更充實的生活、更健全的心態和持久成功的完美象徵。

驢子謙虛、勤奮、有韌性、為困難的道路而生、能夠忍受乾旱，體現了服務和在艱困中茁壯的觀念。利用內在驢子的力量，我找到了意志力、決心、興奮，沒

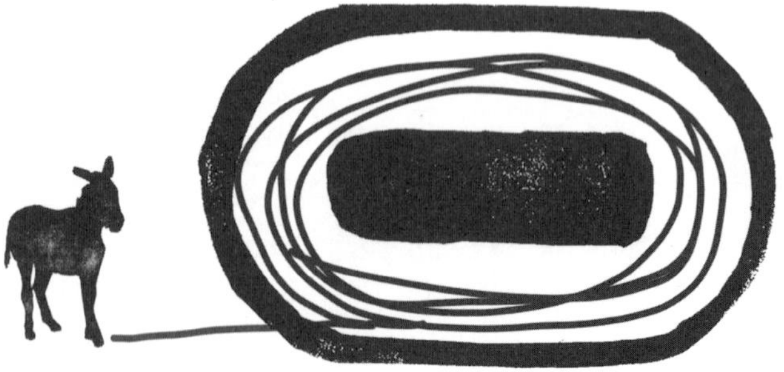

錯，還有一點固執，可以實現自己一直想要的那種人生……而且我知道其他人也能做到這一點。當我分享對成功的定義時，可以感受到聽眾對此產生了共鳴。

活動結束後，聽眾排隊和我分享他們自己的「驢子身處賽馬世界」故事。許多人在分享他們多麼需要聽見這種充滿希望的故事時，眼中噙滿淚水。

事實是：人生並不是一座賽馬場，只為跑得最快、最耀眼的純種馬競逐難以到手的獎勵而打造。完全不是這樣！相反的，**你的**人生是一座金礦，裡面全是等你去挖掘的寶藏。凡是決心堅持下去，願意一次又一次深入內心掘出寶藏的人，都能得到珍貴的金子。

雖然讓驢子上賽道競速的主意很蠢，但讓賽馬去礦場工作的想法也同樣可笑。身為像是驢子的人可以離開無止盡的競爭迴圈，去尋找最適合自己的道路與工作，

用自己真正的天賦造福這個世界。正是**這樣**的黃金才能創造最佳意義的財富。

我稱這個想法為「驢子法則」，意思是：

當你擁抱內心的驢子，就能找到自己注定要去做的有意義工作，而且能在其中茁壯成長。

換句話說，停止競爭，開始挖掘。

這項法則的靈感來自我家牧場的兩隻迷人角色和整個馬科動物，其架構依循**GOLD**（**黃金**）這個首字母略縮詞：允許自己（Give Yourself Permission）、擁有你的故事（Own Your Story）、發揮你的獨特優勢（Lean In to Your Unique Strengths），以及達成任務（Deliver Your Work）。你會在本書讀到歷史、文學和現代事件中的驢子故事，我希望這些故事能讓你覺得驚奇又開心，也幫助你記得它們闡示的概念。為了進一步反思，我在每個小節的末尾加上「深入挖掘」的問題，還有方便你隨手記下閱讀過程中發現「金塊」的空白。這些想法蘊含著我滿滿的愛，用意是提醒你什麼才真正重要。它們會幫助你發現自己的頑強力量，並且為實現**你**個人定義的成功提供難忘的靈感。

驢子法則是長遠幸福生活的關鍵。

When you embrace your inner donkey,
you will find and flourish in the
meaningful work you were created to do.

當你擁抱內心的驢子，
就能找到自己注定要去做的有意義工作，
而且能在其中茁壯成長。

允許自己
Give Yourself Permission

第 1 章

提問

Ask

週六一大早，床頭櫃上的電話響個不停，把我叫醒。我鄰居的聲音聽來歉疚卻又出奇地開心，可是我的頭腦太過昏沉，無法分辨是哪一種。

「瑞秋，抱歉吵醒妳。」普莉希拉說：「我正要去健身房運動，有兩頭驢子在路上亂跑，呃……牠們看起來很像閃電和亨利。」

噢，天啊。這到底是怎麼回事？

喚醒我的丈夫湯姆，然後我們在幾分鐘之內穿好衣服出門，在取來韁繩和一桶甜飼料的同時，也停下來查看牧場的狀況。

有人忘了關上後門。

這裡的「有人」指的是我。就是我。**我**前一天晚上忘了關門了。

我營救的驢子閃電，還有領養來和閃電作伴的迷你驢亨利，可能直到天亮才注意到這個疏失。可是牠們發現之後作何反應？

沒有人需要問牠們兩次。

我可以想像，一頭標準體型的棕灰色驢子——閃電，回頭朝一頭胖嘟嘟、巧克力色、有著蓬鬆鬃毛、尾巴有點傻氣的迷你驢——亨利，瞥了一眼，接著用頭朝門比了比。

「有何不可呢？」亨利同意。

牠們豎起耳朵、張大鼻孔，對門外的天地充滿好奇。

閃電已經來到門外，接著走下碎石車道。

「自由奔跑是什麼感覺呢？」牠把問題往後扔向正在快速行走、努力跟上的嬌小驢子。

「或許很像這樣！」亨利粗短的四條腿猛然往前衝，屁股興奮地猛然躍起，彷彿它有自己的意志。

這兩頭在逃驢子穿越綠色隧道，經過池塘，當牠們接近車道盡頭的柏油路時放慢了速度，變成快步小跑。

「你想做什麼呢？」亨利看著閃電，一如往常地等牠帶頭。

「我們的時間不多了，」閃電回應，透過橡皮般的嘴唇深深吐了口氣，在清晨寂靜的空氣中發出「噗——呼——」的聲響。「我們必須充分利用時間！」

兩組驢蹄踩上柏油路面後，彷彿同步般轉而向西前進。距離我家不到一公里外有一片遼闊、沒有圍欄的田野，高高的草叢、野花，也許還有一窪爛泥可以打滾的景象向牠們招手。牠們開始奔馳，耳朵飛舞、尾巴擺動，屁聲四射——全都凸顯了牠們狂放有力的步伐。

我並沒有親眼看見這一切發生，但是我**太清楚**這兩頭逗趣的小傢伙會有什麼反應。等我和湯姆找到這對哥兒們時，牠們的汗水濕透了全身，肚子埋在春天的樹葉深處，完全無意結束牠們在我家附近荒野的冒險行為。

「活得像是有人忘了把門關上。」

兩頭驢子在大清早把握機會去冒險的畫面，每次都會讓我笑出來。

熱切。

不顧後果。

受到好奇心驅使——對每件事都抱著無止盡的好奇。

凡事好奇，是驢子法則的基礎。好奇心包括但不限於愛管閒事、對周遭所有活動深感興趣，喜歡露出探詢的表情。好奇心超越了思維的界線，敢於尋找新資訊、新奇體驗，以及跳脫傳統思維框架的對策。它推開了想像的大門，通往發現與驚嘆帶來的長期興奮。

提出相對論的物理學家愛因斯坦曾說：「最重要的是，不要停止發問。好奇心的存在自有其理由。當一個人思索永恆、生命、現實絕妙結構的奧祕，就會不由得肅然起敬。只要每天設法了解一點這類奧祕，也就夠了。」❶

大多數人並不像愛因斯坦這樣探求支配宇宙的定律。我們探索的問題也許更類似於「什麼樣的手法才能泡出最美味的咖啡」或「午餐要吃什麼」。有些人甚至已經完全停止對生活提出更深層次的問題了。我們關上好奇的門扉，為的是能待在自己的舒適圈中。

允許自己保持好奇心。容許自己追求可能會挑戰你、讓你興奮，甚至顛覆你既定生活方式的那些想法。

問問題，然後一直專注於這些問題，直到得到答案——這會讓你的生活、事業和人際關係的運作方式產生變化。

一流的驢子好奇心，其核心包括三道簡單的問題，能發現你內心的黃金：

有何不可呢？
那會是什麼樣子呢？
什麼時候要？

有何不可呢？

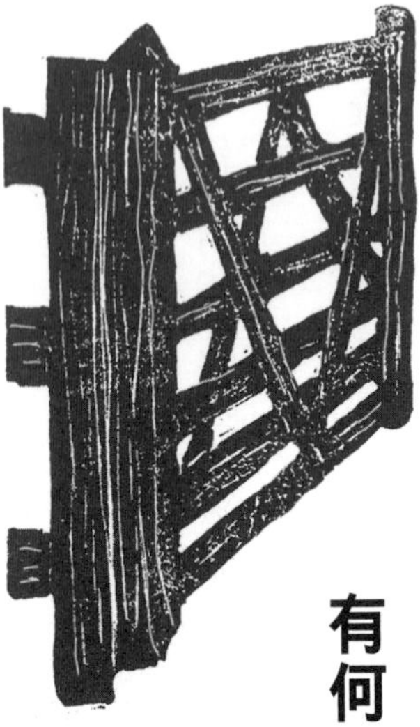

我看著眼前這頭驢子。那天晚上牠突然出現在我家車道上，當時，本地治安官也來了。這是一樁可以被載入史冊的救援任務，湯姆和我又推又拉、又追又哄地讓這頭壞脾氣的動物走進我們的牧場。

在白天的光線下，牠看起來就像是我想像中的那種普通灰驢，沒什麼特別的。除了牠衝撞帶刺鐵絲柵欄留下的深長傷口之外，其餘沒什麼值得注意的。長長的耳朵、獨特的斑紋、白色口鼻、憂傷的神態，活脫像是小熊維尼故事中的屹耳。我大可把牠攆走，當下就解決此事。我大可擺脫這個不速之客，繼續自己的生活。

但是這頭平凡無奇的驢子身上有某種東西偷走了我的心。可能是「這也許是好事降臨」的念頭，恰巧在我猶豫不決的片刻打中我，或者也許是我注意到那雙溫柔的眸子裡閃過一絲希望。

「妳覺得呢？想暫時收留牠嗎？」治安官看著我，他毛茸茸的鬍子抽動著。

「好啊，有何不可呢？」我說：「我們會照顧牠一陣子，以防牠的主人出現來找牠。」

有何不可呢？

這個嘛，我可以想出十個理由，說明這為什麼不是個好主意。

我們沒有時間照顧一頭馱獸。

我們完全不懂怎麼照顧驢子。

我們可能養不起牠。

可能會有人因這頭動物而受傷。

我不是真正的「愛驢人士」。

這份清單很長，但是到頭來……我的心說：**有何不可呢？**

我們**到底**能有什麼損失呢？

我發現自己面對大大小小的決定時，「不行，我沒辦法」的話已經到了嘴邊，也準備好各種非常合理的理由來抵抗前進：

現在的時機不對。

它太花錢了。

我年紀太大了，沒辦法從頭開始新事物。

我不夠格從事這項新事業。

這太複雜了。

我沒辦法再為生活增添更多責任了。

但有時，最好的答案根本不是一個答案，而是一個問題。

有何不可呢？

允許自己問「有何不可呢？」，讓你有機會明白，儘管這些理由可能合乎邏輯，但未必全是真的。「有何不可呢？」透過在看似合理、務實、明智的事物中找漏洞，揭露自己的直覺想告訴你的事。它開啟你的各種可能性。

至於各種可能性？嗯，它們會帶來各式各樣的機會。

一八七一年，瑪格莉特．奈特成為美國史上第一批取得發明專利的女性之一。❷她在工廠做過好幾種適合其技術思維的職務，但她總是不斷思考如何改進流程。她在紙袋公司負責將紙張折疊並黏合成袋子，這項工作既耗時又複雜，於是她心想，**打造一台能輕鬆裁切並折成四方形袋底的製袋機，有何不可呢？**她畫出設計圖，也申請了專利。不出所料，一個男人仿造了她的機器並宣稱那是他的原創想法，但是奈特贏得後續的法律訴訟。她的製袋機大量生產我們今日仍舊使用的簡單紙袋，澈底改變了現代世界。真是了不起。

可是在一八七一年？一個女人會有發明的想法簡直是難以想像的事！

但事實並非如此。

瑪格莉特．奈特敢問：「有何不可呢？」

這個問題不僅限於科學界和產業界，它與生活的每個面向都有關聯，包括音樂、藝術、科技、農業、育兒、烹飪，以及個人目標設定。在燉牛肉中加入豆蔻，**有何不可呢？**設想一種新的放牧方式，**有何不可呢？**讓孩子穿著制服睡覺，**有何不可呢？**在退休後回學校攻讀學位，**有何不可呢？**動手寫本書，**有何不可呢？**

你瞧，「有何不可呢？」在別人只看見障礙的地方找到揮灑空間。

「有何不可呢？」在別人看見實心牆的地方看到窗戶。

「有何不可呢？」看見一頭驢子可能是奇蹟的化身。

「有何不可呢？」發現一扇敞開的大門，看見探索新天地的機會。

深入挖掘

★你拒絕了什麼，卻沒有先問過自己「究竟有何**不可**呢」？

★哪些「合理但不真實的」理由阻止你展望新的未來？

★當你想像美好未來時，是否曾自問：「為什麼不是**我**？」問自己：「有何不可呢？」時常會揭露你的直覺、內心感受、真正的心意。

那會是什麼樣子呢？

有個卡牌遊戲叫做《最糟情境》（*Worst Case Scenario*），老實說，我說不定可以為這個遊戲撰寫卡片。只不過，我想出來的每種對策都是某種形式的「好可怕！快逃命呀！」。

我不喜歡思考失敗或災難的情境，但這就是我的腦袋瓜自然運作的方式。至少在有個朋友問我一個強有力的問題之前是如此。

當時我們正談到我的創作夢想。我甚至不好意思告訴她這些事，因為它們聽起來是如此荒謬。我用免責聲明的形式表達了自己的答案，比如「這聽起來可能有點蠢」和「我的意思是，這只是個白日夢」。

我的朋友靜靜聆聽，接著看著我的眼睛說：「想像一下，要是妳真的放手去做，妳的努力也得到好結果呢？要是妳告訴我的這些想望，妳全去做了呢？要是妳開了那門課程呢？要是妳創作了那件藝術品呢？要是妳的創意事業蒸蒸日上呢？」

就在那時，她拋出了這個誘導性問題：「這對妳來說會是什麼樣子呢？」

聽她這麼問，讓我大吃一驚。老實說，我在很多事情上都失敗了，所以要在心中想像她建議的事幾乎是不可能的。我腦袋一片空白，甚至無法接受這種對未來的空想。我必須回家，讓她的話沉澱一段時間，才能想像出成功的模樣。

多年以後，我發現自己正向聽眾敘述一個命運多舛的淒涼夜晚，一頭流浪驢出現在我家車道上的故事。我聽見自己說著這些話：「我真希望可以有個**提前預示未來**的神奇按鈕，好讓我當場立即看見未來會發生什麼事！我就會知道這個干擾有多麼重要！」

你瞧，在電影和文學中，「提前預示未來」和倒敘相反。它是一種敘事手法，將某個未來事件或場景插入作品的時序架構中。它可以是真實的、想像的、預計的，或是預期的。這也稱為「預敘」（prolepsis），源自希臘文，意思是「預料、期望」。它為當下發生的事件提供背景、意義和方向。

我在講台上體驗到一瞬的個人頓悟。我的嘴在動，思緒卻飛奔回和朋友的那次對話。「那會是什麼樣子呢？」她要我想像積極的未來，允許它塑造我的現在。那天晚上，她給了我能提前預示未來的按鈕……只是我還不知道該拿它怎麼辦。

如果我當場馬上開始認真看待她的建議，就可以免去些許心痛和麻煩。也許我會早一點聘請個人生活教練。也許我會放棄那些無法讓自己實現夢想的計畫。甚至我可能認出偽裝成一頭驢子的奇蹟。我本可以看著這個意外的打擾，自問：「那會是什麼樣子呢？」**要讓這變成我的答案需要些什麼呢？**

要是你能提前預示未來，看見這些目前填滿生活的事物如何變成對自己的未來至關重要的事物呢？

如果知道今天的努力總有一天會取得成功，你會怎麼做呢？

如果投資大有斬獲，你的生活方式會是什麼樣子呢？

擺脫對失敗的恐懼會是什麼樣的感覺呢？

如果領養孩子，你的家庭會是什麼樣子呢？

學習一種新的語言會是什麼樣子呢？

知道自己有所貢獻會是什麼樣子呢？

如果能過著理想中的生活，你會怎麼做呢？

那會是什麼樣子呢？

你能想像自己的未來擁有健全的人際關係、豐沛的資源、個人滿足感、慷慨給予，還有豐厚的精神生活嗎？對你來說，那會是什麼樣子呢？

現在我想邀請你，允許自己對你的未來感到好奇。看看你生活中正在進行的活動，然後問自己：「那會是什麼樣子呢？」

深入挖掘

★寫出下列情境：如果你的人生夢想實現了，那會是什麼樣子呢？

什麼時候要？

亨利沿著面向房子的圍欄來回踱步。牠的雙耳前傾，脖子上的鬃毛豎立警戒，牠已經準備好迎接這一天。從牠的觀察位置可以透過玻璃門掌握廚房內的動靜，晨間活動正在此發生。我拖著腳步走到咖啡壺那邊，將神奇的液體倒進馬克杯，坐在桌邊進行片刻冥想或放空（我不會透露是哪一個）。一聲嘶鳴——你能想像得到最尖銳、短促的那種——劃破空氣。亨利檢查過肚子裡的時鐘並且確認：早餐時間逾期了。

雖然亨利不會區分時鐘的長短針，但是牠會看時間。這隻大腹便便、身材矮小的傢伙遵循嚴格的時間表：

八：〇〇　和閃電晨間打鬧

九：○○　冠軍早餐……當然是飼料用乾草
十：○○　小睡片刻
十一：○○　向哨兵一樣在圍欄來回踱步
十二：○○　在前院牧草地放牧
一：三○　小睡片刻
三：○○　自由活動時間：吃草、吃點心、咬閃電鬧著玩
四：○○　小睡片刻
五：○○　回到圍場
六：○○　冠軍晚餐……當然是飼料用乾草，還有一份甜飼料當飯後甜點

如果沒有按表操課，亨利就會有點緊張。也許是我當天必須外出，所以牠無法到前院牧草地放風，或者當季的青草已經很充足，沒有必要吃額外的乾草。這時牠來回踱步的狀態會增多，而且可能會發生爆炸性胃腸活動。（亨利很不滿。）

幸好有情緒平穩的閃電，牠對時間表的異常處之泰然。牠沉著冷靜的神態對亨

利有鎮定的效果，後者很晚才意識到，即使事情晚了一個小時或一個下午，世界也不會停止轉動。儘管如此，當可預測的運行模式存在時，閃電確實茁壯成長，而亨利則是協助制定日程的那一個。

「什麼時候要？」是亨利賴以生存的問題。固定的時間表幫助牠履行身為圍場領主的職責，並在生活快要失控時為牠提供清楚的方向。我實在**非常**欽佩這一點。

身為創作藝術家和作家，我抗拒訂立時間表或設定最後期限。畢竟我無從得知什麼時候會有好點子，或者那能持續多久。最好能順其自然，敞開胸懷迎接靈感之風……我的意思是：為了將生產力提高到最大，對吧？

只不過「順其自然」往往會被預約看診、黏人的孩子、只有我能幫忙別人的案子、我很熱中的網飛影集出了新的一集、臨時得去雜貨店採買，還有花圃突然需要除草等等給擠掉。更別提放銀器的抽屜亂得可怕。**到底誰才是這個地方的老大？**就在我依稀想起該坐下來做自己的專案時，這些事全都大聲嚷嚷希望引起注意。

什麼時候要？

答案當然要讓事情更為具體。

我什麼時候要完成？定下日期。

什麼時候要吃午飯？定下時間。

什麼時候要交稿？早於你預料的日期。

我什麼時候要將夢想放進日程表中？今天。我今天就要這麼做。

按照進度實現夢想是超級英雄、巨擘，以及像亨利這樣的驢子的要訣。面對巨大挑戰和個人壓力時，按部就班讓我們保持頭腦清醒。這是成功與失敗、成就與失望之間的差別。（是啦，在事情偏離正軌時，擁有像閃電這樣不易慌亂的朋友從旁鼓勵你會很有幫助，但這不是我在此要說的重點。）

我想說的是，當你問「有何不可呢？」，會發現機會；當你問「那會是什麼樣子呢？」，會找到願景；而決定「什麼時候要？」，正是將這些機會與願景變成美麗現實的關鍵。

美國開國元勛班傑明．富蘭克林深知日程表的威力。他的一天包括自我提升、工作、休息和享受友誼的時間。這位發明家、思想家與哲學家發現，他的點子需要行事曆提供的時間結構，才能離開計畫階段，變成現實。

問（然後回答）「什麼時候要？」是**驢子般的大膽**。這表示你終於認真看待自己的夢想，在行事曆上給它適當的位置。

深入挖掘

★拿出你的計畫日誌，或者打開你的行事曆應用程式，並回答「什麼時候要？」這個問題。

★為你夢想的專案選出完成日期。

★我將在＿＿＿＿＿＿這一天，完成＿＿＿＿＿＿。

★我的園場領主的日常例行工作是：

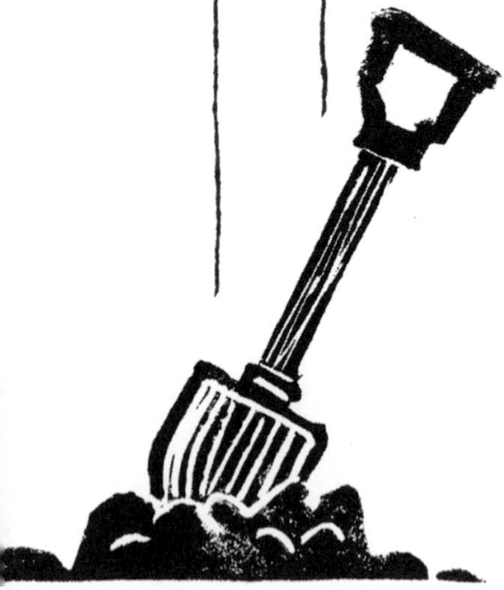

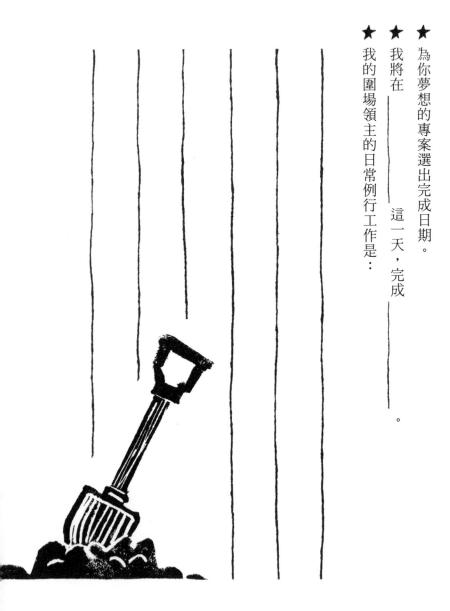

"Live as if someone
left the gate open."
——FLASH AND HENRY

「活得像是有人忘了把門關上。」
——閃電和亨利

第 2 章

渴望

Aspire

兩名穿著制服的侍從，齊步拉開西班牙國王卡洛斯三世王宮中加斯帕里尼廳的鍍金大門。當時是一七八四年，美國獨立戰爭才結束沒幾年。

「弗洛里達布蘭卡伯爵晉見。」當這位西班牙首相走進房間時，國王的祕書朗聲宣布道。

伯爵的鞋跟在花卉圖案的馬賽克地板上發出回聲，讓這個裝飾華麗的房間感覺更加宏偉。他在彩繪天花板中央懸掛的巨大水晶燈下方停步、鞠躬，等待卡洛斯三世示意他上前。

國王迅速看了一眼他的記事簿，首相名字旁寫著：「為喬治・華盛頓將軍提出私人請託。」❶

國王心照不宣地點了點頭。他習慣了世界各國領袖提出私人請求。這位精明的西班牙君主鞏固了權力，巧妙地處理國家間的談判，他好奇首相為什麼會代表華盛頓找他商量。國王在腦海裡快速閃過各種可能的請求：也許是一棟鄉間別墅？用於華盛頓私宅的西班牙大理石？某種祕密軍事結盟？一筆金額可觀的貸款？他向後靠坐在天鵝絨座椅上，興味盎然地等待答案揭曉。

經過好一會兒的正式寒暄後，首相切入正題。

「陛下，根據我國法律，許多西班牙獨有的物品是不許出口的。美國的代理大使提請我注意，華盛頓將軍過去四年來一直希望能引進其中一種物品到美國……但至今尚未成功。」

卡洛斯三世傾身向前：「他想要什麼？」

首相清了清嗓子。

「回陛下，驢子。將軍想要一對驢子。」

「啊啊。」國王摩娑著下巴，露出笑容：「驢子，當然。」西班牙的哥多華驢子以其體型、力氣和美麗而聞名於世，因此國王堅持將牠們列為珍貴資產，保留在境內。要出口任何一隻哥多華驢子，必須出具唯有他能給予的王室豁免令。為了製造戲劇性效果，他吊了一下胃口，沒應允這項請求，接著再揮動右手說：

「告訴代理大使，我很樂意為華盛頓將軍效勞。我會親自挑選兩頭最精良的驢子，讓王室馴獸師送牠們到他指定的港口。」這位將軍明明可以要求**任何東西**，無論多難取得或價格多麼高昂，他都會應允。然而，對方想要的竟是驢子——西班牙的驢子。

華盛頓立刻著手精心安排，準備接收他請求許久的兩頭尊貴動物。令他失望的是，只有一頭驢子在航程中活了下來。從麻薩諸塞州格洛斯特港步行至波士頓，再到維吉尼亞州華盛頓的自宅弗農山莊，這趟長達數月的步行每個細節都由他的得力助手約翰．費爾法克斯監管。華盛頓替這頭驢子命名為「皇家禮物」，牠將成為美國一種新品種動物的種源。華盛頓企盼這種動物能澈底改變農業與工業，使這個新國家成為舉足輕重的經濟強國。

在我們現代人來看，來自西班牙的種驢可以被視為工業的一大技術進展，這似乎很有趣。華盛頓對皇家禮物可是寄予厚望，透過和美國挽馬雜交，他幫忙培育出能在一天內犁將近七公頃田的騾子和驢子——這在當時是前所未聞的績效。牠們可以靠最少的食物和飲水搬運重物，其耐力讓人驚嘆。他所崇敬的驢子在理想主義和啟蒙運動的新時代中確實展現了「可以完成些什麼」的潛力。在牠們將西部邊疆地區開墾為農田、修建鐵路和城市之後，漸漸變成正直、勤奮和樂觀等精神的代表——這些特質永遠不會過時或被人遺忘。

我從歷史的這一頁得到什麼重點呢？為了過得充實，為了實現「可以完成些什麼」的承諾，我們需要允許自己擁有同樣的**瘋狂渴望**。我稱之為最真實、最美好，也是最勇敢的自己。

最真實

這就是你最真實的一面：你已經夠好了，而且你值得。

你值得被愛。
你值得擁有美好的人際關係。
你值得那些發生在自己身上的好事。
你值得被看見、被聽見。

你值得與那些賽馬並肩奔馳。

你值得以自己的驢子本性昂首闊步。

最真實的你是能安然入睡、滿懷希望地醒來、優雅地擁抱生命的不完美，並蘊藏著深厚的智慧迎接挑戰的那個人。最真實的你是個完全整全的人，內心的自我與外顯的自我完全相符。你已經夠好了。

你的重要性與生俱來。你的價值無法估量。你的心隨著**我屬於這裡**、**這人生是我的**、**我值得活出充實人生**等想法而躍動。

「沒有人想要這樣的驢子。」多年前這頭流浪驢出現時，治安官告訴我：「如果收押牠，我可能連送也送不出去。」他清了清嗓子：「太太，我不想告訴妳這件事，可是像這樣的驢子最終會被卡車送往交易皮毛的黑市——也就是說，牠們死了比活著更有價值。」

但那雙溫柔的棕色眼眸告訴我一個不同的故事。看著那對眸子，我看見觸動我心的某種事物，某種溫暖的東西，某種暗示著這個靈魂憂傷失落且滿懷盼望的東西。牠只是希望有人看見牠的價值，帶牠回家。

對驢子閃電是這樣，對你來說也是如此。

在任何人能理解你的價值之前，你就已經很有價值了。甚至在你吸入第一口氣之前，你就是為美善而生——不是為了「成就」，而是為了來自內心深處的存在。這是一種意會、一種篤信、一種如實，你屬於這個世界，你配得上你在此的位置。

你**可以**安然入睡。你**可以**滿懷希望地醒來。你**可以**自信地度過每一天。你可以運用智慧和仁心去迎接挑戰。為什麼呢？因為最真實的你具備了茁壯成長、發現自己內心的金子，以及看見自己的瘋狂渴望可以成真所需的一切事物。

我們全都耗費過多的時間在職場和提升自我的賽道上參與競爭。我們假裝自己機靈、光鮮亮麗、為速度和名譽而生，但內心很清楚這不是我們真正的模樣。假裝只能帶給我們錯誤的歸屬感。當我們終於擁抱真正的驢子本性，才能找到自己的歸屬。

知名學者布芮尼·布朗是這麼說的：「真正的歸屬感是一項深深相信自己且歸

屬於自己的精神修練。你也因此可以與全世界分享最真實的自己，無論身為哪裡的一分子或孤身於曠野中，你都能發現神聖之處。真正的歸屬感不要求你**改變**自己，而是要你**做**自己。」❷

關於你最真實的事情是，你值得這個世界給的所有愛、所有的手舞足蹈、所有的歸屬感，以及所有美善。你已經夠好了。

深入挖掘

★何不說出一件能表現真實的你，但不為人知的事情呢？

★對你來說，做一個全然真實的人會是什麼樣子？做一個全然真實的領導者呢？做一個全然真實的朋友呢？

★你何時要接受自己「內心的驢子」呢？日期：

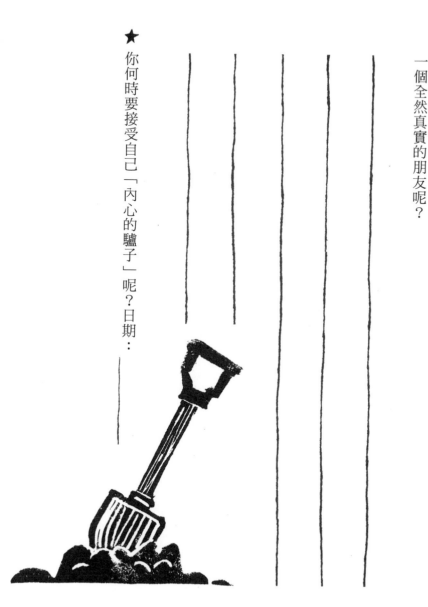

最美好

停止努力活出你最好的人生。

這似乎違反直覺，對吧？你自然應當努力活出最好的人生！

是這樣嗎？

我們總是被敦促「現在就活出你最好的人生」。你得有最好的工作，開最好的車，擁有最好的東西，維持最好的身材。盡可能以最好的方式活出每時每刻。太讚了！這就是「最好的」！可是說實在的，這麼做讓人筋疲力竭。

聽著，追求最好被吹捧過頭了。那麼，要是你追求完全不同的東西會怎樣呢？

你看，在追求最好的過程中，很容易忘記如何僅僅是表現**良好**。

有一次，身為家有青春期孩子的洩氣母親，我獨自坐在臥房裡擦眼淚。因為我忘了做某件重要的事而爆發衝突，這讓我躲進房間，指責自己又一次的失敗。我魂不守舍地拉開五斗櫃抽屜，發現一本棄置已久的舊日記本。當我翻閱著那些頁面，一則日記讓我停下動作，眼淚再次開始滑落，但這一次出於完全不同的理由。幾行潦草的字句記述著多年前的某一刻，當時我推著幼兒推車帶兩歲的兒子去公園。那天陽光燦爛，鳥兒歡唱，金髮小男孩坐在推車上，我們沿著人行道匡噹匡噹地往前走。突然間，他細小的聲音開始說話：「媽咪，妳是我見過最美好的媽媽。」

他的話讓我停下了腳步。

最美好的媽媽。

讀到這些很久以前寫下的文字讓我意識到，我一直努力想做個空前**最好**的媽媽，卻忘了當個**最美好**媽媽的重要性。我不必試圖掌控每一種情況。我不必努力做到完美。我可以拋開這一切，依靠我家人的美善，無論它有多少缺陷和失敗。我可以釋然地接受自己犯的錯，並從中學習，而不是一開始就責備自己怎麼會犯錯。

我放下舊日記本，透過窗戶望向遠處的牧場。我看見閃電在一片苜蓿草地上吃草，心滿意足，不慌不忙。當牠的新朋友亨利靠近，並將鼻子埋進閃電身旁多汁的綠色美食中的時候，閃電抬眼看了看。我以為牠肯定會噴鼻息或推擠，趕走闖入者。畢竟這片草地不夠牠倆一起吃。閃電最擅長發現並維護牧場領地……而這是牠的地盤。沒想到閃電往旁邊跨一步，騰出了空間，這兩頭驢子就鼻子挨著鼻子地盡情享用這片令人垂涎的苜蓿叢。

「好驢子啊。」我低聲說道。**牠真是最美好的驢子**。

你瞧，最好的那個位置，只有一個人可以站上。但這個人的輝煌時光轉瞬即逝，然後其他人準備好取代他在頂端的那個位置。

可是**好**呢？噢，**好**永遠不會消失。它永不過時。沒有人能奪走那頂王冠。

這世界需要你提供的好。

做個好朋友。

做個好鄰居。

做個好父母。

做個好兒子。

做個好女兒。

做個好員工。

做個好領導者。

做個好人意味著你關心別人的需求。你找出方法激發仁慈和歡樂。你為所到之處帶來光明和活力。

好萊塢導演湯姆．薛狄艾克就證明了這一點。他在好萊塢過著「他最好的生活」時，成功執導過《王牌威龍》和《隨身變》等電影。❸然而，二〇〇七年的一場自行車事故讓他更強烈地感受到自己的生活很空虛。於是他決定用自己的名氣和財富換得一間移動屋和一輛自行車……並承諾要與他人分享他擁有的事物。他正過著最美好（也最快樂）的生活，享受著一份創意事業，同時沿路幫助他人。薛狄艾克發現了為慷慨和仁慈留出空間的祕密。

如今，**好**被低估了。**好**其實比**最好**更棒。

好為失敗、意想不到、寬宥留出了空間。它了解人生中有些最貴重的禮物會包裹在平凡無奇的包裝當中。它允許你善待自己和他人。

別讓想「成為最好」的欲望剝奪你身邊所有的好，或是奪走及時行善的能力。停止努力活出你最好的人生。而是要活出你**最美好**的人生。

深入挖掘

★何不針對擺脫完美主義和「成為最好」的需要，列出一些方法，然後問自己：「嘗試一下，有何不可呢？」

★對你來說，「最美好」的人生看起來會是什麼樣子呢？

★ 你什麼時候要為某人做一件簡單的「好事」呢？寫下你想到的第一個主意。

★ 接著定出日期：

最勇敢

你最勇敢的自己樂於再試一次。

「加油，小伙子。你做得到的。你可以的。」我輕聲呼喚閃電，還搖了搖裝有燕麥的桶子想鼓勵牠。

閃電站在走廊的邊緣，用深棕色的眸子看著我。牠必須走上前，踏上平滑的地面，才能走到我拿著美味獎賞的這一頭。牠的目光垂落在水泥地上，思考著下一步行動的危險性。

在牠慎重考慮時，我耐心等待。邁步向前看似簡單：就像牠身邊兩腿的人一直在做的那樣，走過前廊。

可是對一頭驢子來說，事情可沒這麼簡單。

被要求踏上陌生的地面，是令驢子緊張不安、提心弔膽的事。任何一個改變，比如從草地到沙礫，或者從泥土到人行道，都是對帶領牠前行的人一種巨大的信任宣言。

驢子天生害怕失足。

失足意味著失控。

它代表變得容易受到攻擊、顯得軟弱、感覺不確定。

這與**我們**應對改變的方式沒有什麼不同。

生活出現了一件意想不到的變奏——遭公司裁員、新的婚姻狀態、搬到不同的地方，或者只是接觸到挑戰自己信念的新訊息……會讓我們出於恐懼而想停下來。前方有什麼呢？未來會怎樣呢？我的立足之地會撐住我，還是會坍塌？我的退場策略是什麼？

勇敢召喚我們向前邁進。它滔滔不絕地說著個人成長、新的思維轉變和新契機帶來的回報。勇敢要求我們信任。我們往往會發現自己正處於努力拿出勇氣，跨出第一步的門檻。

閃電目不轉睛地看著我手上的桶子，跨出試探性的一步，走進走廊。外頭走道的一些碎石卡在蹄底上，害牠的第二步打滑。牠試著挺住，可惜已經太遲，牠的腳像卡通人物般朝四面八方叉開，然後才穩定下來。牠張大了鼻孔看著我，彷彿在說：「我就知道這是餿主意！」

閃電啪噠啪噠地向後退，牠強壯的肌肉不斷顫抖，後腳摸索著走下走廊的那一步，牠夾著尾巴、耷拉著耳朵，速速退場。這次冒險讓牠的精神受到創傷，我知道牠需要更多嘗試才能重拾足夠的信心，甚至再次站上台階。這次失敗從此會成為一場心理戰——永遠提醒牠，冒險踏進未知世界是多麼危險。

當我們踏出的第一步沒有成功，很容易就會想轉身逃跑並躲起來。記住我們尊崇的傑出成就者在邁向最終成功的道路上大多也經歷過失敗，這會有幫助。比方說，林肯在成為總統之前克服障礙的事蹟就常被提及。他小時候打工幫忙家計的時間遠多於上學受教育。後來他經歷過事業失敗和債務纏身的苦，以及多次競選國會議員失利的痛。他入主白宮的路可不容易，但是他堅持不懈，終於成為美國最著名的總統之一。

《紐約時報》譽為「同輩中最出色的爵士樂演繹者」的蓓蒂．萊維特，直到晚年才迎來成功。❹她雖然在一九六〇和七〇年代灌錄過熱門歌曲，但不知什麼原因合約總是告吹，或者唱片公司未曾好好宣傳她。儘管如此，她仍舊持續演唱，並且盡可能到處巡迴表演，終於在二〇〇〇年初取得了突破。一名法國製作人在翻看一些以為早就弄丟的錄音帶時「重新發現」她，發行了她的歌〈別讓我太失望〉（Let Me Down Easy）的新錄音。幾十年來的堅持不懈，讓她的事業如今包括兩度葛萊美獎提名、上電視、舉辦音樂會和獲得音樂獎項。萊維特女士已經七十多歲了，她樂於不斷嘗試激勵著所有人。

最勇敢是選擇走過未知的地面，去獲得另一頭的獎勵。最勇敢是鼓起勇氣去做恐懼的事。獎勵有時是一桶燕麥，有時是新契機，有時則是個人成就的自豪。但最勇敢的是：說出「我會再試一次」。

閃電最終學會了像個行家般穿過走廊。牠試了好幾次才鼓起勇氣相信自己的立足之處，等牠終於做到時，牠昂首挺胸、耳朵像旗幟般揮舞著……筆直地走向燕麥。

做最勇敢的自己。你已經具備了前進所需的一切。

深入挖掘

★何不寫下阻攔你前進的恐懼是什麼？

★ 如果沒有那種恐懼，生活會是什麼樣子呢？

★ 你什麼時候要跨出再次嘗試的第一步呢？日期：

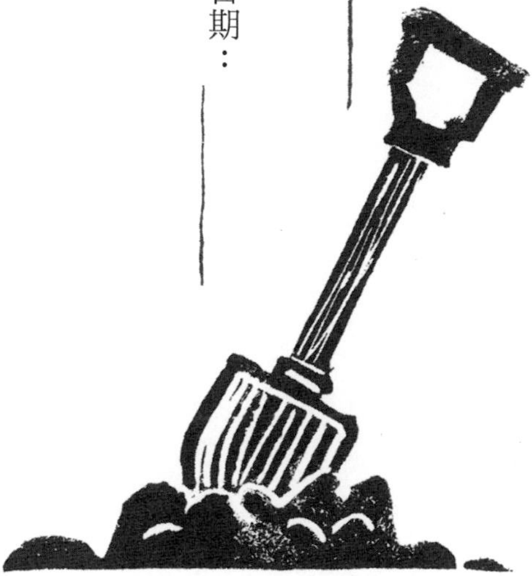

擁有你的故事
Own Your Story

第 3 章

賦予榮耀

Ascribe Honor

「艾絲黛爾，快起床！就是今天了！」

女孩在厚棉被下睡眼惺忪地打著哈欠。十四歲的艾絲黛爾習慣了早起擠羊奶，照看爐火，可是她母親的聲音中有種興奮讓她坐起來，記起這天為什麼特別。這天是一五一二年元月十四日，她居住的法國小村莊已經開始熱鬧起來，準備迎接驢子節。慶祝《聖經》中的驢子，尤其是瑪利亞和若瑟帶著嬰孩耶穌逃往埃及時乘坐的那頭驢子。❶艾絲黛爾是村裡最漂亮的女孩，被選中在小鎮街道上再現瑪利亞的角色，演出將在教堂舉行的特別彌撒和一場盛宴中達到高潮。

艾絲黛爾穿著藍色羊毛連身裙，肩上披著奶油色斗篷，坐在一頭灰色小毛驢身上。這頭小毛驢名叫克里歐，牠的鬃毛和尾巴上都裝飾著彩帶。克里歐是慶典老手，耐心地等待這場精心策畫的遊行開始。一個扭動的襁褓被放進艾絲黛爾的臂彎中，她的小姪子將扮演耶穌。接著他們走下鵝卵石街道，朝廣場前進。艾絲黛爾想到夾道歡呼的群眾就不禁緊張起來，但是等他們拐過第一個轉角後，所有的焦慮全都逐漸散去。就在那時，她記起今天眾人關注的焦點並不是**她**。

這場慶典的主角是驢子。

克里歐的耳朵隨著艾絲黛爾說話的聲音轉動，她一手輕輕拍了拍牠，另一手則摟著嬰兒。人群湧入，鐘聲敲響，眾人唱著傳誦好幾世紀的歌曲：

從東方國度來了一頭名聲響亮的尊貴驢子，如此美麗、如此強壯且勻稱，沒有任何負荷是牠挑不動的。萬歲，驢子先生，萬歲。

克里歐對這些關注似乎有點困惑。這頭小毛驢爬上通往教堂的台階，走進聖殿，一路向前，直到抵達聖壇，一齣經過反覆排練的大戲就此展開。牠彷彿得到暗示般甩動雙耳並叫了起來，憂傷的聲音充滿這座石造教堂，引起會眾爆發出笑聲。劇中人物逐一上前致敬：三賢士獻上禮物，牧羊人低頭鞠躬，女人將花環掛在驢子的脖子上。克里歐站在前排正中央，耳朵前傾且歪著頭，將一切全都看在眼裡。

「今日我們將榮耀歸給這頭把主耶穌帶到安全之地的驢子。」神父開始講道：「我們記得牠的服事，我們感謝天主的謙卑造物將這段神聖故事馱在牠的背上。」

當一名扮演牧羊人的小男孩抓了抓克里歐的耳朵，神父繼續講述《聖經》中其他驢子的故事：巴蘭的驢子、聖誕節的驢子，以及耶穌在聖枝主日榮進耶路撒冷騎乘的驢駒。牠們都是天主聖愛這部雄偉歷史中重要的參與者。最後，神父用三聲響亮的驢叫聲「**欣漢姆、欣漢姆、欣漢姆！**」取代平常使用的「阿們」做為講道結尾。

「**欣漢姆、欣漢姆、欣漢姆！**」會眾回應道，歡騰興奮，差點跌下長椅。這時，扮演耶穌的嬰孩開始大哭，克里歐向出口小跑，艾絲黛爾拚命抓住寶寶（還有克里歐的鬃毛）——彩帶和彩紙做成的裝飾物在後方飛舞。克里毆衝向院子的長桌，上頭堆滿為這場盛宴準備的新鮮麵包和乾果。這位尊貴的客人到噴泉前停了下來，迅速叼起從桌上滾下來的一根胡蘿蔔，在群眾的歡呼聲中大嚼特嚼起來。

這場中世紀的驢子節慶典是將榮耀歸於馱負起這段神聖故事的謙卑生物。當我們將榮譽視為一種生活方式，它提醒**我們**要活得謙遜，感謝無名英雄，以及把我們帶到這裡的環境。我們若有任何成就、任何具有持久價值且讓自己珍惜的事物，都不是光靠我們本身的努力就能獲得。造就成功與失敗的歷史、讓夢想開花結果都需要一群人的力量。這就是為什麼最高明的領導者、思想家和創作者都是實踐這種謙遜態度的人。他們深諳將榮耀歸於應當之處的力量。

我們應當向幫忙承載我們**自己的**神聖故事的「那些驢子」致敬，也就是我們的過去、我們的現在，以及我們的人。

你的過去

向帶你來到這裡的過去致敬。

你的過往經歷，無論多不起眼，都值得在聖壇占有一席之地，因為它在你當前生活中發揮的作用，理應得到適當的認可。當你講述那些影響你成為目前模樣的故事時，要它靜靜站在一旁可能有點困難。也許你就像克里歐，在神聖的場所感到不自在，卻忍不住發出緊張的驢叫聲做為回應。有時我們會透過開玩笑或轉移注意力做為防衛機制，抵抗從當前的嚴肅中湧現的羞恥感。

你可能會這麼想：**我不該在這裡、我不屬於這裡**。但請記得，這整個驢子節就是認可驢子有影響力，並對這世界留下深遠影響的「荒謬」。

向自己的過去致敬並不是指我們讚揚過去的每個部分。重溫確實造成我們身心、情緒或精神痛苦欲絕的細節可能太過難受。但它**真正**的意義是：我們接受自己的過往經歷，無論好與壞。我們為故事中那些滋養並幫助自己成長的部分保有一席之地，也為揮之不去的痛苦黑暗角落留出空間。賦予榮耀並不能**修補**過去，卻能提供一種看待這段經歷的角度，讓我們跨越羞愧和未解決的痛苦，走向康復和成長。

「把過去拋到腦後」，或者如電影《獅子王》中彭彭說的「放下過去」，是很常見的建議。可是說來容易，做來難。我們往往發現自己困在舊有模式、回憶和傷害中，讓我們無法向前邁進。與其試著遺忘過去，不如向它致敬，反而能讓你自在地探訪過去。

———

我朋友珍妮的童年過得很不安穩。珍妮由染有毒癮的單親撫養長大，她一肩挑起照顧弟妹的責任，確保他們有乾淨的衣服能穿去上學，晚上乖乖做功課。珍妮在學校人緣很好，可是她從來不邀朋友到家裡玩，因為她覺得很丟臉。她變得很擅長隱藏私生活，結果到成年後，她簡直認定自己有另一種版本的過去——一段無憂無慮、充滿冒險與歡樂的童年。

可是等珍妮完成大學學業並找到第一份工作後，一股壓抑不住的哀傷有時會讓她在早晨起不了床。她痛斥自己無法「振作起來」，不能像別人那樣自信又無憂無慮。她越是努力融入年輕的職場朋友圈當中，就越感到痛苦。

有一天，在觀看到孩童開心地騎著腳踏車呼嘯穿過公園後，她開始流淚。當她無法停止哭泣時，她知道該是尋求協助的時候了。

珍妮找治療師幫她解開深鎖在內心裡的故事。儘管困難，但她敞開心扉傾訴過去，內心有個什麼開始在變化了。她透過訴說，開始接納自己的故事，這使她慢慢卸下長久以來背負的羞愧。這是她第一次能夠用全新的眼光看待自己的過去，並且向曾經努力維持一切正常運作的女孩表達善意，而不是評判那個無法再繼續這麼做的女人。

羞愧讓人不相信自己值得充分發揮潛能，並限制我們想像自己有能力為世界帶來美麗的金子。在所有能讓人陷入困境的事物當中，羞愧拔得頭籌，它讓我們的心不再懷抱希望和無限可能的想法。

就像教堂中的驢子一樣，透過述說故事、紀念你經歷過、忍受過、成功撐過的日子，讓過往變得神聖。被帶到聖壇的過去是韌性的證明，將痛苦並列在聖地上，賦予了我們必須奉獻給自己的溫柔。它為突破障礙的喜悅騰出了空間，你在這裡、你已經抵達、你還活著的回聲響徹雲霄。

深入挖掘

★ 何不俯瞰你的過去，並且探索自己的經歷如何塑造你，讓你為當下做好準備？寫下你得到的任何領悟。

★如果將榮耀賦予過去，甚至是妨礙你擁抱新可能性的部分，會是什麼樣的感覺？如果能向帶給自己韌性和力量的過去致敬，你的人生看起來會是什麼樣子呢？

★你什麼時候要認可過去所帶來的禮物？不妨考慮舉辦一場私人儀式向它們致敬。

日期：

你的現在

你在這裡。

你還活著。

你已經抵達慶祝這個特別時刻的聖壇。

現在，能深吸口氣，**全心**在當下真好。

閉上雙眼一分鐘，想像你當下的存在被花圈和彩帶裝飾著，做為你來到這裡的一種感恩儀式。

吸氣。

吐氣。**呼呼呼呼呼**。

我幾乎可以聞到脖子上玫瑰和忍冬的氣味。你呢？

梭羅說：「過去和未來這兩個永恆的交會……正是現在。」❷也許，在這樣的交會時刻該有一記驚雷，或是一場真正的驢子節。但我們反倒正忙著把髒碗盤放進洗碗機（嘿，髒碗盤可不會自己放進洗碗機）、滑社群媒體、滿腦子想著未來，或因時代的喧囂分心而**虛度**此刻。我們肯定不習慣一邊分類襪子並試著搞清楚為什麼即使用了漂白劑，草漬還留在孩子的運動衫上，一邊設想兩個永恆的交會。此時此刻往往是平淡無奇，而且容易遭遺忘。

將榮耀歸於現在是一項簡單的正念練習。這種刻意行為，是為了每口呼吸、我們腳下的土地、隨時準備好讓我們開展的機會創造感恩的空間。即使我們正在進行日常活動也可以這麼做。這是認可此時此刻帶來的禮物。這是我的閃電和亨利最擅長的事：牠們充分享受每個片刻、每一口新鮮的青草，還有每一道陽光。

我還記得大女兒蘿倫還是個學步兒時曾發生過一件事。那天我幫她穿上遊戲服，接著把她抱起來，讓她坐在浴室的洗臉台上，方便我兜攏她的細紅髮，綁成一根沖天炮，就像動畫《摩登原始人》中佩絲．弗林史東的造型。綁好頭髮之後，我放下梳子和噴霧瓶，我們張開雙臂緊緊環抱彼此，前後搖晃著。我看著她亮藍色的眸子，互相凝視了好久好久。我心想，**我想要永遠記得這一刻**。**這個女娃、這頭紅髮、這間小公寓……這一切**。我深吸了一口氣，將這一切全放進心裡，我知道蘿倫也用一種特別的方式和她媽咪共享這種親密連結。

就在這時，我女兒低聲說：「我可以看見妳鼻子裡的鼻屎耶。」

沒錯，這確實是我永遠不會忘記的一刻，因為女兒正經歷**自己的**發現時刻，就像我經歷自己的時刻一樣。

將榮耀歸於現在是一種謙虛和感謝的態度，可以發現豐富的回報：研究感謝的全球頂尖科學專家羅伯特・艾蒙斯博士（Dr. Robert Emmons）指出，它能緩解壓力並使人得到平靜，為解決問題創造更積極的心態，降低血壓，帶給我們踏實感，還能幫助我們獲得急需的觀點。❸

全心在當下並非嘗試在平淡無奇中創造神奇時刻，也不是企圖對每分每秒強加意義，而是要在日常生活中獻上一把「想著你」的花束，以此讚揚**容許**平凡無奇得以存在的生活。它創造一種豐富的生活氛圍，讓人無論是分類襪子或簽署合約的時候都充滿感激之情，而不是覺得理所當然。向永恆過去和永恆未來的交會點致敬，就能在全是與你同在的群體聚集的聖所中，找到神聖的歸宿。

深入挖掘

★ 是什麼阻礙你將榮耀歸於充滿乏味雜務和瑣事的一天？從實招來。

★ 如果將感謝注入你的現在，那會是什麼樣子呢？你最感謝的事情是什麼呢？

★你的現在什麼時候才會夠好，讓你願意讚揚它？何不今日就這麼做？

★日期：＿＿＿＿我因為＿＿＿＿

而讚美。

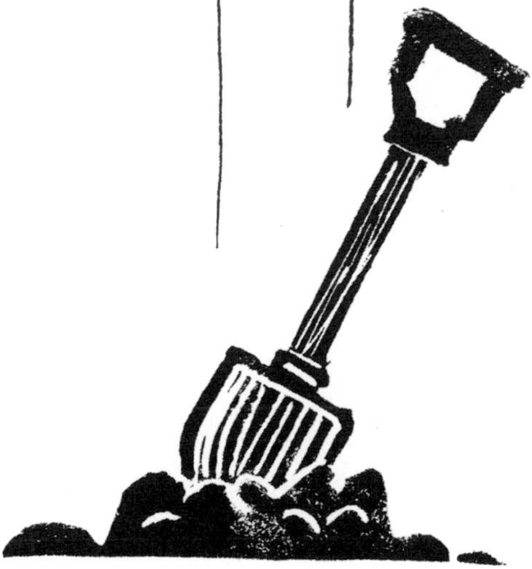

你的人

向那些為你開闢道路的人致敬。

畢竟，少了一群幫忙讓一場慶典發生的人，它就不完滿！從清道夫到花藝師，從準備餐點的人到參與這齣戲的人，得動員整個村莊的人才能成功辦好驢子節。當小克里歐大口嚼著偷來的胡蘿蔔，這舉動讓群眾全都很高興，參與其中的每個人看到他們在地的驢子以這種方式受到表揚，都同感驕傲。他們同享這一刻的喜不自勝，因為今日主角是「他們的自家人」。

我很愛看每年的奧斯卡頒獎典禮，一半是欣賞名人時尚，另一半則是聲援我喜歡的電影。這些得獎者往往激動難抑，試著在典禮主題曲響起、主持人催他們下台之前，感謝讓他們有機會站上頒獎台的所有人。演員們感謝劇組工作人員、導演、經紀人、父母、配偶和孩子……你能想到的所有人。但最打動人心的莫過於訴說……老師、指導者、父母和朋友在久遠以前對自己產生不可磨滅影響力的故事。也許是某個老師鼓勵一個未經琢磨的璞玉，某個決策者在早年採用一個默默無名的演員，或是有人很看好某個故事，將自己的未來全押在它上頭，進而使夢想成真。

沒有人能獨自獲取成功。對奧斯卡獎得主、財星五百大企業的執行長、藝術家、父母，還有你我每一個人來說，都是如此。創造有價值的事物總是需要舉全村之力。

回顧自己的旅程，會想起參與你人生的那些人的名字和臉孔。也許你甚至還記得自己那天的穿著打扮，或是對自己產生重大影響的那段話。我丈夫記得他人生中特別重大時刻正處於何種季節和天氣狀況，而我往往只記得那些有影響力的人帶給自己的感受。

《哈佛商業評論》上有篇文章指出，領導者和管理者能做的最有影響力的事就是：認可員工或團隊成員的工作。❹ 表揚他人的貢獻是激勵和創造正向環境的一股強大力量。這種謙虛是偉大領導力的特點，也能營造相互尊重與合作的氛圍。

將榮耀歸於你的人，是感激那些為你的人生增添價值的人，或者對你從事的工作和你正努力成為的那種人提供支援、鼓勵和信任的人。當他們看著你，他們看見的並不「只是一頭驢子」，而是一個有重要工作得完成的人，是一個有力量和韌性能影響世界的人，是一個身上的使命值得慶賀的人。

深入挖掘

★如果你是領導者，何不花些時間感謝那些努力工作，讓你的領導行得通的人？就從記得他們的名字，以及他們如何對你的成功做出貢獻開始。

★ 倘若那些在你身上投注時間、興趣、支持和鼓勵的人沒有這麼做，你的人生會是什麼樣子呢？如果「單打獨鬥」，你目前的專案和工作會受到什麼樣的影響呢？

★

什麼時候要寫感謝函，將榮耀歸於幫助你成功的人呢？這些人是誰，你又會說些什麼呢？寫下你此刻想到的點子，接著，把撰寫感謝函這件事當成本週要務。

第 4 章

假設

Assume

我盤腿坐在綠金相間的長絨地毯上，聽著吉明尼蟋蟀柔聲唱著〈誠心許願〉（When You Wish upon a Star）。

身為一九六〇、七〇年代長大的孩子，我的父母很擔心看電視時距離太近會影響孩子的視力（別忘了輻射線！），也擔心《羅伊與馬丁喜劇秀》和《迪克・卡維特脫口秀》之類節目帶來的影響，所以我們家多年來都沒有電視機。不過這個週日夜晚我們這些孩子很走運，因為教會長執會在牧師家裡舉行，那裡有台**彩色**電視！會議一直持續到深夜，時間足夠我們看完整部《木偶奇遇記》。這是迪士尼在一九四〇年發行的經典動畫電影，敘述一個木製牽線人偶在一隻蟋蟀做為其良知的引導下，努力證明自己值得變成一個真正的男孩的傳奇故事。

電影開始時，一名仙子登場，在這個小木偶身上施展魔法，我就知道事情一定會好轉。沒想到事態立刻急轉直下，對世世代代毫無戒心的孩子（包括我在內）來說，如噩夢般的經歷就此展開。

皮諾丘的不幸遭遇最終誘使他來到歡樂島，男孩們在這裡可以盡情調皮搗蛋：抽雪茄、喝啤酒、鬥毆鬧事、破壞物品、打撞球。這些男孩確實極力挑戰澈底無法無天的界限。

當馬車夫讓皮諾丘和他的新朋友在大門口下車時，這麼斷言道：「先讓這些壞孩子盡量地玩，不久以後，他們就會變成呆驢子了啊。」這就是圈套所在：為所欲為的魔力逐漸將他們變成真正的**驢子**。像猿類的黝黑生物出現，為的是把哭泣的驢子關進籠子裡，準備賣到礦場當奴隸，或者在馬戲團過著飽受羞辱的生活——這是壞驢子唯一適合的下場。

與此同時，木頭男孩皮諾丘開始過著糜爛的生活，但在他從不良少年變成驢子的轉變完成之前，設法逃離了歡樂島。長耳朵和尾巴證明他做了一個又一個錯誤的決定，他一直保持這副模樣，直到電影最後的救贖場景。華德．迪士尼遵循傳統義大利民間故事的情節發展，創造了一個充滿壞男孩變成驢子的混亂世界。❶在當時的義大利文化中，驢子象徵著無知、愚蠢、糊塗和體力勞動。

還有其他動物比驢子更適合皮諾丘的變身嗎？在這個例子當中，迪士尼利用觀眾對驢子**既有的**假設——牠們愚蠢、頑固、卑劣、荒唐、自私，注定要被奴役或在馬戲團表演雜耍——對皮諾丘做出強有力的比喻。**皮諾丘完全不配成為一個真正的男孩**。

皮諾丘正如電影導演預言的，只是個「呆驢子」。

雖然故事的結局是皮諾丘變成一個真正的男孩，但其中藏有一個教訓：像壞男孩驢子這樣的諷刺描述也許在當下讓人發笑，但它們最終會延續成有害的刻板印象，這些刻板印象會成為大眾心中的「事實」，說得更確切一點，是錯誤的假設。隨便問人驢子是什麼樣的動物，你可能會在眾人的反應中聽見呼應皮諾丘的設定：愚蠢、固執、卑劣。大家根據自己甚至沒察覺的隱性偏見對驢子的性格驟下結論。

我們都有這樣的無意識偏見，也就是「在不知不覺間影響我們理解、行動和決策的態度或刻板印象，這使得它們難以控制」。[2] 大腦在意識能用更好、更合乎邏輯的方式釐清想法之前，似乎會先做出假設。

花點時間檢視我們對他人和自己有何假設很重要。如果我們認定人生是充滿寶藏的金礦，也必須認清為了找到金子，就必須先清除大量瓦礫。假設可能跟花崗岩一樣堅硬得難以打破和篩除，但是它的回報很值得你這麼做。

假設可以分為三類：不假設、永遠不假設，以及總是假設。

不假設

對他人的錯誤假設會築起不信任之牆。

請迅速完成下列填空題。用最快速度完成，不必想太多。直接寫下腦子裡想到的第一件事：

貓頭鷹是＿＿＿＿＿＿＿＿。

蜘蛛是＿＿＿＿＿＿＿＿。

蛇是＿＿＿＿＿＿＿＿。

獅子是＿＿＿＿＿＿＿＿。

驢子是＿＿＿＿＿＿＿＿。

現在來仔細思考你書寫的內容。

你快答的答案是根據個人經驗嗎？你是否和上述任何動物有過不只一次的互動？你從文學作品中對這些生物有何認識？你的父母是怎麼說牠們的？你的文化又是怎麼描述這些動物的？

我們對事物的即時意見多數時候來自無意識深處。我們可能從未「決定」認為貓頭鷹是睿智的，但如果回想與貓頭鷹的第一次邂逅，答案可能是小熊維尼的朋友貓頭鷹。在我們有意識地思考貓頭鷹有無智慧之前，兩者間的連結早已確立。

事實證明，我們對個別物種的認識泰半來自民間傳說、電影、家庭故事，以及成長過程中聽見的事物。如果你父親喜歡蛇，你很有可能也會喜歡蛇。如果你母親看見蜘蛛會放聲尖叫，你可能發現自己也有同樣的不理性恐懼。你我全都具備了這種「無意識的偏見」。

但聽著，對生物的無意識偏見必須停止！蛇是好的！蜘蛛是益蟲！貓頭鷹是……好好好，這是一種過分簡化的描述觀點方式，但是總比談論我們的錯誤假設如何傷害人要舒服得多。

幾年前，我自己的偏見以一種讓我震驚的方式暴露出來。我去參加一場除了新娘之外，我誰也不認識的婚禮。我發現有一桌坐了兩位太太，就詢問我能否加入她們。其中一位太太年紀較長，打扮入時，頂著一頭適合這個場合的完美妝髮。另一位太太大約五十多歲，一頭黑色捲髮，皮膚光滑黝黑。稍早之前我看見她協助年長的那位婦人坐下，還為她取來食物，此刻她露出笑容，用帶有優美口音的嗓音歡迎我。英語顯然不是她的母語，不過當我們坐下來吃午餐時，她展現迷人的自信侃侃而談。

我做了自我介紹，接著聆聽那位年長婦人告訴我她的名字，以及她和新郎、新娘的關係。我轉向另一位婦人，說：「您想必是……」我頓了頓，思索著合適的字眼：「她的照服員」或「看護」，還是……幸好她熱心地插嘴，填上了空白。

「我是華生太太的朋友艾絲米！」她說，接著介紹她的工作，不是有薪看護，而是一家很賺錢的軟體公司的執行長。她從夏威夷度假直接飛來參加這場婚禮，當天稍後她還要飛往紐約，參加一場公司會議。

我立刻領悟到自己掉進**無意識的偏見**中，這種偏見決定了我對艾斯米的假設。它使我忽略了所有相反的**實際**證據：她的每個舉動都是身為體貼的朋友、而不是看護的作為。她的神態既自信又威嚴，外表也有迷人光彩。但我的大腦因為嵌入了關於膚色的連結，早在我來得及察覺之前就立刻做出了假設。這件事提醒我，身而為人，我還有很多需要成長的地方，這讓我很羞愧。

這裡的教訓是什麼呢？別做倉促的假設。學著辨識你對他人看法的無意識偏見。體認到人類心理上的習慣就是會信任那些「看起來像我們」的人，同時傾向於懷疑「他者」。這會導致不信任和敵意、憎惡與恐懼。

當我們根據種族、階級、口音、性別、職業或年齡將人簡化為諷刺描述時，等同於將我們的世界縮小為「自己人」和「外人」；誰能做出有價值的貢獻，誰可以被忽視；誰值得享有權力和聲望，誰該被邊緣化；誰值得變成真正的男孩，誰必須被送往礦坑。我們詐取他人過著自由且充實生活的機會，也因為變得心胸狹隘和封閉排外而欺騙了自己。

深入挖掘

★何不花點時間檢視你對人、對族群的假設呢？哪些因素（故事、文學、家庭型態、文化規範）導致你的無意識偏見？

★如果我們對他人沒有先入為主的假設，這世界會是什麼樣子呢？

★你什麼時候要放下對同事的錯誤假設？對鄰居？對日常生活會遇見的人？那會是什麼樣子呢？

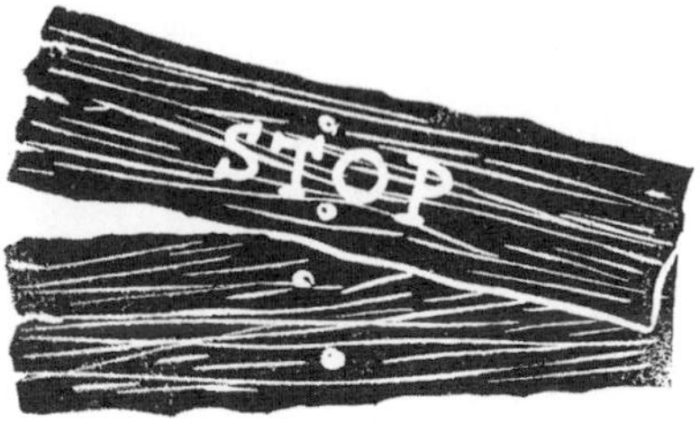

永遠不假設

對自己的假設會讓你陷入困境。

「我只是頭驢子，我沒辦法與人競爭。」

「我搞砸了那個商業決策，我太失敗了。」

「把關者會否決我的主意。」

「我缺乏身為＿＿＿＿＿應該具備的條件。」

「我年紀太大，沒辦法重回學校當學生。」

你我每個人都有伴隨個人生活的心理配樂，在做出重要決定、未來計畫，度過日常時光時，事先編排好腳本的念頭似乎也是如影隨形。這些配樂有很多都是我們透過無意識的連結，將限制性信念強加在自己身上。

「我失敗了。我不配有另一次機會。」

「父親（母親）拋棄我，所以我必定是沒有人愛的。」

「我以前選的伴侶都不好。我永遠找不到真愛。」

「我不擅長數字，所以無法經營事業。」

也許你並不是有意**決定**要這麼想，只是不知道為什麼，這些想法從稍縱即逝的念頭變成似乎很有道理的意見。也許它們來自你成長過程中聽見的事，或來自你身處的文化，如今它們成了很難改掉的習慣。你心想，**我又來了，我永遠無法成為自己想成為的人**。

你是在對自己做出假設，就像電影導演選擇這樣描述一個做了幾個錯誤決定的男孩一樣：他現在是頭驢子了，已經無計可施，魔法消失了。導演利用觀眾自然產生的心理連結，幫主角貼上標籤並預測其未來。這跟大腦創造錯誤的自我假設，接著找出「證據」證明這個假設的做法很類似。

「驢子成不了什麼大事。」

你給自己貼上什麼樣的標籤呢？這些標籤是根據讓你羞愧的一次經驗嗎？它創造出的某種連結，是否在你腦海中變得根深柢固？你給自己貼的標籤會產生假設，一旦大腦決定將這個假設當成「事實」，就很難推翻它。你的大腦會開始尋找證據支持這項假設。

判斷你對自己有無錯誤假設的一個簡單方法是完成下列填空：

我只是個＿＿＿＿＿＿。

我不配＿＿＿＿＿＿。

我年紀太大，沒辦法開始＿＿＿＿＿＿。

以及：

我只擅長＿＿＿＿＿＿。

我會達成＿＿＿＿＿＿。

我值得＿＿＿＿＿＿。

我從生活上發現的事實是，我對自己做的假設到最後會**自我應驗**，才不是對什麼可能性的真實評估。我曾經相信，做個全職媽媽是我人生唯一的使命。我熱愛這個角色，看不出有何必要將自己的眼界拓展到孩子和家庭之外。當時對於**「有什麼是可能實現的」**，我沒有效法的榜樣，所以我假設努力當全職媽媽這件事會持續一生。當孩子逐漸長大，生活要求我跨出這個角色之外並賺點外快，原本的假設讓我很痛苦。我只把剛找到的創作生涯當做「暫時的」，而非值得投入的事。花了好多年才體認到，被我埋葬、斷定沒有價值的天賦，其實是自己人生使命的一部分。

有時候，對自己的假設會讓你無法做出傑作。當米開朗基羅應教宗儒略二世之邀繪製西斯汀禮拜堂穹頂時，他起初拒絕了，因為他自認是雕刻家。❸他在給朋友喬瓦尼·達·皮斯托亞的信上寫道：「那不是適合我的地方——我不是畫家。」米開朗基羅把作品視為他如何看待自己的延伸——他是在大理石，而非濕壁畫上創作的藝術家。如果他按自己的假設限制其創作，我們會錯過何等精采的創作！他同意承攬這宗委託案後，接下來花了四年時間，創作出流傳千古的傑作。

永遠不要假設你對自己的看法是真實的。花時間用確實為真的敘述取代你錯誤的自我認知，能讓你自由地展開人生的長期使命與冒險。

深入挖掘

★何不列出你對自己所做的限制性假設？深入挖掘，找出這些假設是根據現實或錯誤的基礎？寫下你的發現。

★如果把這些限制性假設拋到腦後，會是什麼樣子呢？假設你是有創意、善於創新、足智多謀、能幹與完整的，會是什麼樣子呢？

★什麼時候要改變你的自我敘事？

日期：

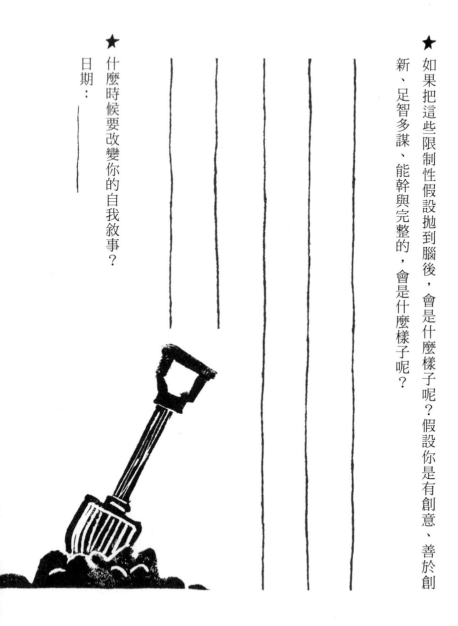

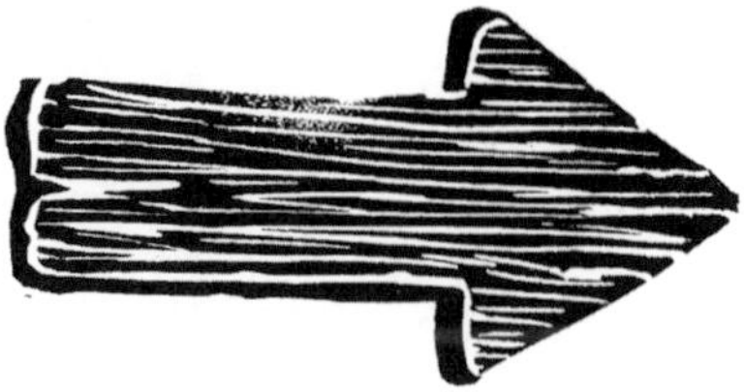

總是假設

假設每個人（包括你自己）會盡全力創造自由、信任與社群。

改變我們的驟下假設——也就是無意識偏見，只是克服「我們給自己設下障礙」這個問題的一半。另一半則需要帶著感同身受的心靈運作，才能充分發展成我們期望的那種全心全意的生活——能自由探索無邊無際的世界。

創造新的神經傳導路徑，就像是在茂密的灌木叢披荊斬棘，開闢一條道路。幾年前，我丈夫湯姆決定在我們的土地上那塊被森林覆蓋的小溪區域開出一條貫穿的通道。他知道我想帶著閃電和亨利在比起牧場現有選擇更長且更有趣的路上散步。最初的工作非常困難，他得砍下樹木和枝條，拔出樹根，處理毒葛。這條新路開通後，就可以在先前難以穿越的區域散步，只不過仍舊需要穿長袖衣服和登山靴，以免接觸到毒葛或被藤蔓刮傷。除了初始的開闢外，還需要更多維護和修剪，才能使這條路保持可正常通行。如今我們的腳（與蹄）越是踏在這條路的泥土地上，就越少見到藤蔓和野草的蹤影。我們的頭不再撞上低垂的樹枝，甚至還可以在這片森林慢跑。這已經變成閃電和亨利最喜歡做的事——隨心所欲地在林間小道散步（和小跑步）。

我們走過這條小徑的次數越多，沿著這條路走就益發容易。同樣的道理也適用於大腦神經元採用有同理心的傳導路徑。我們越是積極創造正向思考模式的高速公路，那些想法就越容易進入當前的現實中。❹

想要動手清除對自己和他人的老舊、錯誤的假設，首先得認清這些觀念的存在是我們吸收了文化與家庭的經驗和態度所產生的結果。接著透過培養對他人同理、對自己慈悲的活動，去修剪和保持健康的傳導路徑。

這種同理與慈悲看起來會是什麼樣子呢？

假設：

- 你可能是錯的。
- 每個人都是盡力而為。

- 你並非無所不知。
- 別人有最好的一面。
- 你可以從每個遭遇或遇見的每個人身上學到東西。

可是別止步於此。假設：

- 你的潛能無窮。
- 那些傷害你、讓你失望的人，也曾因為別人而受傷、失望。
- 你可以增強愛人與被愛的能力。
- 如果每個人得到同樣的機會與愛，也都會成為對社會有貢獻的一分子。

到頭來，讓皮諾丘變成真實男孩的，並不是向星星許願，而是他透過勇敢、誠實和善良的舉動改變了自己。想擺脫讓自己陷入困境的假設，這三者缺一不可，這樣才能擁抱有助於我們成長的正向假設。

深入挖掘

★ 何不砍除扼殺大腦良好路徑的不必要藤蔓與信念？何不積極維護與修剪這些小徑，創造一條美麗的前進道路？列出你想刪除的假設，然後用正向假設取而代之。

★ 要是對自己保持正向假設，你的生活看起來會是什麼樣子呢？要是假設自己能做你一直想做的「那件事」，會怎麼樣？要是假設大家樂於幫助你完成它，會怎麼樣？假設你遇見的每個人都展現出最好的一面，那會是什麼樣的感受？花點時間描述它。

★你什麼時候要創造新的假設，讓自己的心靈充滿同理心和慈悲？在此寫下日期：＿＿＿＿

第 5 章

堅持

Assert

知名的古代中東術士巴蘭大發雷霆。❶他的驢子塔希拉（這是我幫牠取的名字）拒絕往前走，這讓他很糗。其實，塔希拉剛才決定要**臥**在他身下，這讓巴蘭同行的那些尊貴旅伴樂壞了，努力要掩飾自己的嗤笑聲。巴蘭這個當時著名的預言家，很習慣受到有權有勢者的奉承，讓他可以宣布預言、祝福或詛咒他們希望的對象……當然，他們得出高價。眼看就要到手的功名利祿，讓他迫不及待地想去見召喚他的鄰國國王。這趟遠行有望使他**真正**成為那個時代首屈一指的預言家。

要是他的驢子肯合作就好了。

地表的熱風在幼發拉底河附近的山丘盤旋，像沉重的重物落在巴蘭和他的驢子所在的路上。

這頭該死的驢子讓我丟臉。塔希拉的耳朵向後倒，並開始大叫，這讓巴蘭更加生氣。

「我真受夠你了！」巴蘭抓起棍子在頭上揮舞：「這是你第三次拒絕往前走。第一次，你跑進田裡，接著把我的腳擠到牆上，然後現在又這樣？」他開始鞭牠，用力之大甚至沒留意到塔希拉的叫聲變成他聽得懂的聲音。

牠明確且清晰地說出自己的心聲，牠**不**高興：「你為什麼要打我？」

「因為你讓我出醜！」巴蘭咬牙切齒怒斥道。他悄悄瞥了一眼陪他同行的兩位使臣，他們正放聲大笑。

「我不是你騎了一輩子的驢子嗎？我難道習慣這樣對你嗎？」塔希拉用自己的忠誠服事指責他，牠的棕色眼眸懇求他冷靜下來。

巴蘭清了清喉嚨，彷彿意識到自己正在，呃……與他的驢子對話。**為什麼牠此刻說的話這麼有道理？**突然間有別的東西吸引他的注意力，巴蘭現在能看見究竟是**什麼**讓塔希拉停下腳步：一名揮舞著利劍的天使就站在他們的去路上！這頭驢子不是鬧彆扭，恰恰相反，牠絕對是要救他的命。巴蘭的臉開始漲紅。

現在輪到天使開口說話了：「為什麼你揍了你的驢子三回？牠視力清晰，看見我就轉向。如果牠沒轉身走開，我會殺了**你**，但放過**牠**！」

我時常納悶這則奇怪的故事為什麼會出現在古代的《聖經》經文中。這則故事的描述確實是以祝福「好人」正面做結，可是導向這結果的所有細節卻如此古怪。

是這樣嗎？

你瞧，在這則敘事中，唯一展現**真正**性格的就是驢子塔希拉。驢子總是扮演配角，從來沒有任何台詞，經常出現在像這樣的文本當中，但不知何故從未被列入片頭的演職員名單。可以說少了那些無名的驢子，彼時彼處許多人的游牧之旅就難以為繼……那麼故事要在哪上演？但在此，塔希拉是一個突出、特別受人矚目的角色。雖然這個故事的要點是，巴蘭原本收到豐厚的報酬，奉令要詛咒以色列人民，後來卻祝福對方，但它仍舊沒有回答為什麼這樣一個喜劇引子會變成定稿？

我相信塔希拉為那些願意深入挖掘的人提供了寶貴的一課。牠的故事告訴我們，深刻見解時常來自意想不到的管道，誠信是體現在我們的行為中，以及有效的溝通指的是使用聽眾的語言。

這頭勇敢的小驢子因為在令人困惑的情境中展現其領導能力而永遠聞名。儘管牠以卑微的僕役身分走進這個故事，卻透過堅持自己的願景、自己的價值觀和自己的聲音，改變了整個故事的發展。

你的願景

針對你想創造的未來樹立清晰的願景。

驢子的眼睛位置很特別，不只能看見前方的東西，也能看見背後的事物。驢子的視角與大多數視野有限的生物不同，牠是三百六十度，擁有這種視角帶給你的超能力是：在掌握周遭事物的同時，還能對未來樹立願景。

那些職場佼佼者之所以能蒸蒸日上，是因為他們擁有清晰的遠見。他們能看見別人看不到的事物。他們的眼光可以超越此時此地，看見未來，提供追隨者一條前進的路。擁抱內心的驢子代表你可以成為一個有遠見的領導者。

要成為這種領導者，你需要汲取意想不到的資源。它就是你的三百六十度視角，這個視角能看見過去和現在，將其做為創造願景的基礎。而這一切都與擁有你的故事有關，首先你得問自己（並回答）以下關鍵問題：

・我的旅程中有哪些一再出現的主題？
・我這一路上學到了哪些教訓？
・哪些事在過去對我是有用的？
・哪些事沒有作用？
・我是怎麼達到今日這個境地？

在構想未來願景時提出上述問題，可以得到一個堅實的架構。它們能釐清現況，激發出動力（也就是「為什麼」），讓你的計畫有持續性。有遠見的人是一個富有創意的思想家，樂於利用個人和集體歷史的脈絡去構思理想，而且這個理想比大家認為可以實現的更遠大。這樣的構思會變成一件豐富多彩的有意義工作，以及你和所處族群共享的承諾，我們會在下一章詳加討論。

詹姆士・庫塞基和貝瑞・波斯納在他們合著的《模範領導》一書中指出：「預見未來並不是凝視算命師的水晶球，而是留意周遭發生的小事，並能辨識出指向未來的模式。」❷

有遠見是變革者或領導者必須具備的最重要特質。無論是財星五百大企業或家庭，領導者對組織的未來願景唯有與他們領導的團隊相關才有價值。換句話說，**願景必須連結到**它期望激勵的對象的**共同歷史及價值觀**，就像你個人的願景要與自己的故事和價值觀有關聯一樣。要知道，並不是只有企業執行長才需要制定明確的願景。凡是想透過工作或熱情創造持久成就的每個人都需要這麼做。

當我以一人創業家的身分經營事業時，必須足夠靈活，才能不斷創造和改造我的作品來回應客戶的需求。面對每一樁藝術委託案，我都得挖掘自己的資源和創意，做出美麗的成品或針對某項設計問題提出解決方案。我很擅長釐清感受性需求，然後想出處理它們的點子，可是當委託案需要協力合作時，身為團隊成員的我，工作效果就沒那麼好。

當開始轉向新的領域時，我以過去對自己行得通的事為基礎，找出一再出現的主題，留心比較弱的環節，並考慮目前工作服務的對象。為了對我身為創意領導者這份事業的下一步提出新的願景，我得從所有這些線索去創造自己的「為什麼」。結果是什麼呢？明確和聚焦。洞察力不僅為我自己，也為我的群體，也就是我的工作服務對象創造可能性和機會。

透過掌握三百六十度全方位視角來確立你的願景。這會讓你創造可持久的改變和工作。

深入挖掘

★何不找出你的「為什麼」？寫下你為什麼會從事現在的工作，並釐清它為什麼對自己很重要。這是邁向擁有持久願景的基礎。

★對你來說，三百六十度全方位視角看起來是什麼樣子呢？關於你未來的需求，過去的自己會告訴現在的你什麼呢？

★你什麼時候要跟自己（或你的團隊）召開鑄造願景會議呢？

日期：

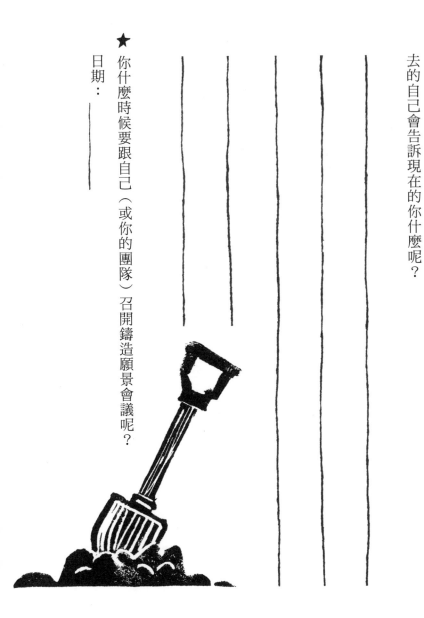

你的價值觀

你的價值觀體現在你習慣做的事情上。

誠信、善良、忠誠和謙卑服事是塔希拉透過行動堅持的價值觀。這些不只體現在牠拯救主人性命的那一天，而是每一個尋常日子。當受到冤枉時，牠提出無懈可擊的自我辯護，因為牠的品格，也就是牠的名聲，無可非議。牠向來按照價值觀行事的紀錄證明了自己的清白。

當擁抱內心的驢子時，就是忠於造就你是誰的那些核心價值觀。真正的領導者以身作則——他們身體力行，不只是說說而已。堅持自己的價值觀意味著你的生活和工作方式都符合自己所說的信念。這必須承擔一定的風險，因為這得公開你的價值觀。

堅持就是以篤定的信念走在前頭並領導。眾人可能不會將謙卑服務的領導者視為依歸的北極星。忠誠和善良或許也會被視為你工作上的弱點，別人還可能因此占便宜，或者不會將你列入升遷人選。然而，當你個人的職業道德要求你以尊重和同理心對待他人的時候，真正的領導力就會展露出來，你的使命的深層次工作才能真正完成。這是工作能持續長久的基礎。

這是前 Airbnb 的倫理長、《Airbnb 改變商業模式的關鍵誠信課》一書作者羅伯．切斯納堅信的事：「領導者必須直接、公開地談論誠信，把它納入公司文化當中，並準備好做『對的事』，即使這在短期內會傷害業績。」❸他在 Airbnb 擔任領導職務期間，每週為新進員工舉辦互動培訓，專門探討可能會發生的道德問題，以及如何處理。明確坦率地討論如何秉持誠信處理棘手的情境，能讓員工、支持者和客戶相信，他們可以信任你的領導、產品或服務。

要確定自己奉行什麼價值觀，第一步是問：「我的名聲是怎麼說我這個人？」它說你鍥而不捨、冷酷無情、要求太高嗎？還是你符合或超越客戶的期待？或者你工作勤奮且關注他人的需求與福祉？它說你重視誠信，會把事情做好？還是你寧願走捷徑，借助他人的力量達到自己的目的？

堅持價值觀意味著你永遠不必擔心自己做了不道德的事，而得進行損害管控。如果發現自己為了避免監督或承擔責任，擔心如何掩蓋行蹤，你就會知道自己已經損害了誠信，得回頭修正錯誤。這就需要謙虛，並願意改變方向，回到正軌。

所幸，對擁有驢子本性的你來說，價值觀禁得起時間的考驗，而且創造出一條值得遵循前進的道路。

深入挖掘

★ 何不明確表明你個人（或企業）秉持的價值觀是什麼？對價值觀含糊其辭會如何損害你用堅定的信念領導他人的能力？花點時間寫出這些價值觀。

★怎麼做才能創造可以體現誠信的環境呢？怎麼做才能從「合法但不道德」的運作標準提升為價值觀導向的標準呢？

★你什麼時候要將誠信視為核心價值觀，並積極追求它呢？在日曆上指定一個日期，根據你的價值觀，為自己的生活和工作制定出道德準則。

日期：

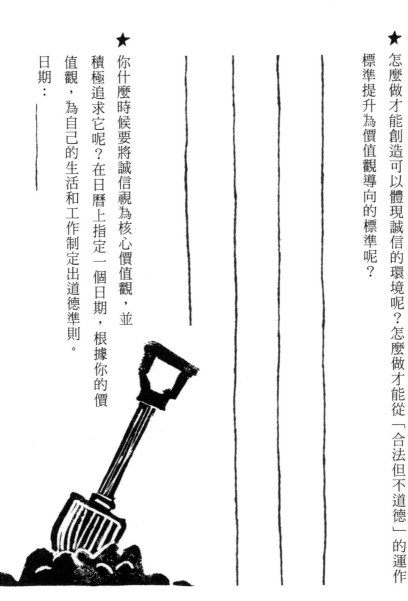

你的聲音

為你的聲音獨特之處感到驕傲。

你的聲音獨一無二，這個世界需要你好好堅持它。沒有人的聲音和你完全相同。你的聲音讓你的訊息如此有力，讓你的工作有影響力。你的群體——夥伴最能充分理解你獨特的聲音。

驢子特有的叫聲在適當的條件下，能傳送到八十公里外或更遠的地方。**這**是令人印象深刻的訊息發送！這叫聲對這個區域內的所有其他驢子傳達其存在，向牠們示警，甚至表達寂寞。所有的「咿呦」在人類耳中聽來都是相同的，但實際上每頭驢子各有自己的聲音和共振，以我們無法明白的層次被聽見、被理解。

回到塔希拉的故事，牠試遍了每一種方式，想告訴巴蘭前方有危險，可是直到塔希拉以**他**能聽懂的方式說話，牠的訊息才終於能突圍。儘管牠堅持自己的遠見和價值觀，但仍需要用自己的聲音將訊息說清楚。牠得使用聽眾的語言，才能把自己的觀點說清楚。

堅持你的聲音需要勇氣。它意味著你可能會遭受誤解，但還是放膽去做，因為你的訊息太重要，無法任它碰碰運氣。

咿呦，咿呦，咿呦！（去呀，我賭你不敢去試！）

人類可能會取笑驢子的叫聲，可是牠們並不是對**我們**說話。驢子是以牠的聽眾最能充分理解的方式與對方溝通。其叫聲聽在同伴的長耳朵中像是音樂。那是牠們期待的事物！它引起共鳴，產生迴盪，因為那是為**牠們**而叫的。在創造作品、琢磨訊息或領導團隊時，若能意識到這一點會很有幫助。堅持自己真實的聲音能讓你的訊息**傳達到**你的群體當中——往往是深度理解——因為他們**懂**你，也知道你懂他們。

不過，這並非總是自動發生。

有個朋友告訴我，因為她曾幫忙一名外籍大學生在美國定居，後來收到對方送的生日禮物。這名學生帶著一份精心包裝的禮物來到生日派對會場，上頭還有一個超大的手工蝴蝶結，簡直像是件藝術品。我的朋友對這包裹大為驚嘆，等不及要看看裡頭裝了什麼！她心想，**肯定是非常了不得的東西**。她撕開包裝，看見一個雅致的盒子，禮物就巧妙地擺在層層薄紙間。可是發現禮物是一支蒼蠅拍時，她啞口無言。這是一個玩笑嗎？她該大笑嗎？她看著朋友，對方似乎對她撕開美麗包裝紙的方式同樣感到困惑。最後她設法擠出一句：「非常謝謝你！你真體貼！」

直到很久以後她才明白，在這位學生的文化中，禮物的重點在於**包裝**，而不是贈與的物品本身。有意義的是它被包裝的**方式**，以及傾注其間的用心。我的朋友突然間看懂了那份禮物包含的所有愛與體貼，等到回禮時，這份領悟使得一切大不相同。當她學生的生日來臨時，她花時間把禮物包得很漂亮，確保她的學生能收到禮物中蘊含的愛的訊息。他們最後理解了彼此。

如何溝通你的訊息很重要。無論透過口語或文字、你創造的作品，或者品牌與廣告，這些都是向世界展示你和自己作品的載體。當「如何做」與「做什麼」相符時，你的訊息就會擊中目標受眾、顧客或同事的甜蜜點，而這鮮少是偶然發生的。對大多數人來說，這得花時間聆聽、觀察，對受眾有所認識，才能找出他們需要和想要的是什麼。你得致力於發現自己真實的聲音，也就是賦予自己的故事、藝術、服務或你的存在，充滿生命力的價值觀和信念。

請相信你真實的聲音是你的夥伴、那些跟你同一掛的人需要聽見的。

深入挖掘

★何不自問你真實的聲音聽起來是什麼樣子？你的主要訊息是什麼？在這裡寫下來。

★堅持你真實的聲音看起來會是什麼樣子？這會如何改變你的訊息？

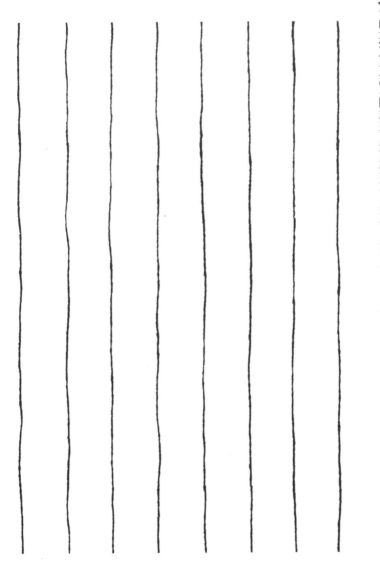

★你什麼時候要運用真實的聲音寫一封電子郵件、一則部落格文章、一篇文章或一本書？你什麼時候要打那通電話、安排那場會議，或同意對某個團體發表演說？日期：

發揮你的獨特優勢

Lean In to Your Unique Strengths

第 6 章

集結

Assemble

在美國西南部的沙漠中，一頭名叫祖妮的小毛驢緊挨在牠母親身旁。這支小小的野驢群停在峽谷陡壁的頂端。牠們下方有一條險峻小徑可以進入峽谷，穿過茂盛的仙人掌和山艾後，就是隱藏的泉水。祖妮的母親席芭是這支驢群的族長，站在隊伍最前頭。牠揚起鼻子，抬起上唇吸氣，尋找危險的跡象。山獅整個夏天都在此出沒，伺機獵殺這八頭緊密團結的驢群當中最老和最弱的。

席芭回頭瞥了兩隻年輕公驢一眼，用耳朵指出那條狹路，示意牠們開始往下走。五個月大的祖妮想再多吸一口媽媽的奶，卻被席芭用鼻子推開，讓牠加入等待前進的隊伍中。

我就在你的後面，席芭感受到祖妮的焦慮，安撫牠說。席芭輕輕咬著祖妮的尾巴逗牠，想讓牠平靜下來。祖妮從未像現在這樣感受到有一股恐懼籠罩在牠的大家庭和朋友頭上，不過牠母親鬧著玩的舉動發揮了預期的效果。牠一邊甩動大耳，一邊轉圈圈，瞥見了遠處的父親準備在受到攻擊時就立刻採取行動。祖妮的父親耳朵上的缺口和脖子上的傷疤都是牠與山獅、郊狼，以及想篡奪牠主宰地位的其他公驢激戰過的證明。祖妮挺起胸膛，努力讓自己看起來像牠的英雄那樣具有王者風範。

這八頭驢子走下陡峭的峽谷險道，尋找谷底的泉水，它不只隱藏在灌木叢中，還埋在三十公分厚的泥土底下。驢子可以忍受數天滴水未進，牠們的「第六感」能指引牠們找到地下水源。祖妮看著席芭和其他驢子把鼻子貼在地面上，像探尋水源者那樣開始搜尋目標。儘管祖妮不太清楚該尋找什麼樣的氣味，仍模仿著長輩們的動作。但牠發現自己被兔子的氣味帶著走，繞著一棵仙人掌轉來轉去，結果四條長腿在過程中糾纏在一起。祖妮失去平衡，摔了個臉貼地、屁股朝天，滿嘴都是土。

其他驢子突然在乾涸河床的某個地方停下腳步，接著開始扒挖地面。祖妮從兔子消失的那叢山艾後方探出頭，牠的耳朵興奮得向前傾。牠們找到了什麼！祖妮吐掉嘴裡的土，被自己的腳絆了一跤，急忙奔回正專注用蹄子掘開沙土的驢群中。沙土慢慢被泥巴取代，最後從底下冒出珍貴的水。席芭將祖妮輕輕推到這個水窪邊，在牠喝著這清涼的液體時保持警戒。席芭知道等牠們全都喝完水，率先抵達的鳥兒發出的啁啾聲會提醒其他沙漠動物，牠們會被引來這處出土的寶藏。很快的，這裡會有一場持續好幾天的動物派對。

祖妮的小小驢群透過共同努力，迎接高地沙漠的挑戰和艱辛。每個成員都參與保護這個群體，並幫助它在條件惡劣的環境中繁榮壯大。少了夥伴的支援，形單影隻的驢子在沙漠中得面對一定的危險。每個個體都因為驢群間的社會連結而變得更強大。由於牠們的努力，才能為周遭更大的動物社群提供水源。

如果不只在個人生活，也想在更大的世界中創造持久的改變，就需要社群。無論是創業、養家、領導公司、創作藝術或服務他人，擁抱內心的驢子都會讓你積極投入自己的獨特天賦與優勢——但不只於此。它也承認，「需要集合眾人之力」才能做可以產生長遠影響的有意義工作。單打獨鬥是行不通的。事實上，為了完成你注定要做的工作，也需要其他願意與你並肩努力的人積極投入。你需要對你的訊息產生共鳴並放大它的人，也需要有人在你將想法付諸實踐時給予指導。成為志趣相投的創作者、企業家或領導者社群的一員，比起孤軍奮戰，可以讓你的工作成果變得更好、更有力量。

這對你來說意味著什麼呢？這代表你需要集結這樣的團隊：你的英雄、你的幫手，還有你的群體。

你的英雄

你敬佩的人決定了你會成為什麼樣的人。

每個人心中至少會有一個英雄。這個人讓你仰慕、學習、仿效，也是你效法的榜樣。祖妮受到母親和父親的影響，牠們是面對危險毫不畏懼的領袖，讓驢群的其他成員先喝水，自己負責警戒。牠的父親趕跑試圖挑戰自己的其他公驢，向驢群內的年輕公驢宣示宰制地位，進而贏得自己的位置。至於牠的母親席芭，則是讓整個家族團結起來，並且為大家的日常福祉做決定。這個群體中有一種領導的語言存在，那是流傳已久的本能交流，無須言語就能意會的默契。這位領導者必須透過驢子能理解的方式，贏得驢群的敬重。

但願我們的英雄無須為了取得地位，而與他人發生**真實的**戰鬥，不過他們還是得進行其他種類的戰役，才能贏得一定程度的偉大成就，或者力抗萬難的非凡勇氣。我們的英雄是什麼樣的人，很大程度上決定了我們想成為哪種人。如果他們在壓力下展現品格，在容易做出不道德的選擇時保持誠信，並且在危機時刻表現領導力，我們就知道自己效法的人值得信任。在我們想投入的領域中達到這類成功的英雄，會在我們生活中享有特殊的美譽。

所以，誰是你的英雄呢？在美國這種名人導向的文化中，很容易錯把名氣誤認為英雄地位。網紅、電視名人和電影明星因其穿著、宣傳與展現的形象而受到模仿。也許他們確實就是旁人看見的樣子，但是享有網路知名度並不等於是具有英雄特質的領袖。所幸，在這個世界上，還可以選擇那些能體現你嚮往的價值觀、激勵你成為更好的自己的領導者。

你可以在史冊中、在自己所屬產業或領域的當代領袖中找到英雄——你和這些人並沒有私交。你可以從文章、訪談和書籍蒐集這些人的資訊。更好的做法是找一個能親自投入時間，與你分享自己專長的導師，就像是喬治·華盛頓栽培亞歷山大·漢彌爾頓，在美國獨立戰爭期間指導這位後進，後來更延攬他進入總統內閣，擔任財政部長。❶我個人則有幸指導前來尋求建議的其他藝術家、作家和年輕父母。

指導可以在咖啡店、工廠廠房、會議室和客廳進行。和經驗比你豐富許多的前輩建立關係（按照他們的條件）。他們豐富的知識和信心會成為你在旅程中前進的重要財富。

集結你的英雄。找出那些正在世上做著你想做的良善工作的人，並研究他們的領導風格。他們如何運用自己的技能和專長為他人服務？你能從他們克服困難的故事當中學到什麼？他們擁有哪些價值觀是你可以內化成自己的？

你的英雄決定了你的故事發展軌跡。

深入挖掘

★ 何不舉出一個或多個你欽佩的人，寫下他們的哪些特質激勵了你？

★假如有機會見到你的英雄並和對方交談，那會是什麼樣的情景？根據你對他們的了解，他們可能會給你什麼樣的建議呢？

★你什麼時候要親自去見仰慕的人？日期：

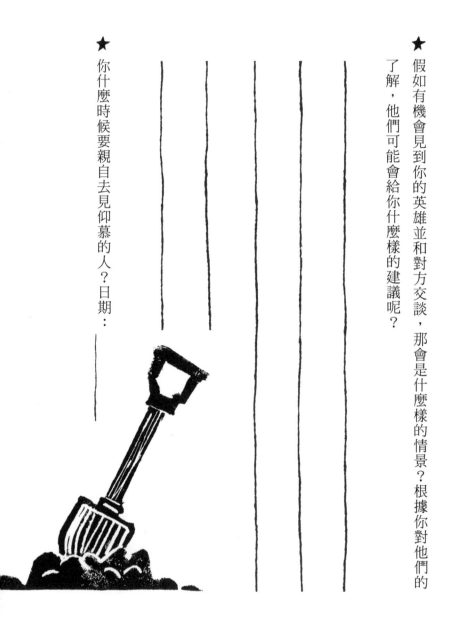

你的幫手

唯有靠一群人攜手促成，才能達成長遠的成功。

找到幫手的最好辦法就是**做**別人的幫手。

在第 3 章中，探討了將榮耀歸於幫助我們取得現在成就的人有多重要。然而，有時我們會忘了為自己夢想在未來達成的**新成功**，去召集同樣得力的幫手，也很重要。不知什麼原因讓我們覺得必須靠自己向前猛衝，而不是從過去吸取教訓。

集結你的幫手就是：積極尋找能以建議、資源、鼓勵和人脈協助你的人。也就是要找到和你同領域和不同領域的人。他們未必是英雄，只是你刻意與之建立友好關係的人。

尋找幫手的努力並不是單向的。最好的幫助關係在本質上是共同的，彼此互惠互利。你不能只是個索取者，也必須想辦法成為給予者。這種關係的起始點其實是不吝貢獻你**自己的**建議、資源、鼓勵和人脈。

這在商業術語中常被稱為「拓展人脈」，這說法**可能**有點阿諛奉承，讓人感覺不舒服。我猜很少有人真的喜歡參加下班後的小聚，到處分發自己的名片並努力與人攀談，試圖擠進一些重要人物的晚宴名單中。況且，提供幫忙擺明是為了得到回報，並不是建立一段真誠人際關係的良好基礎。這感覺令人不快，因為這種行為**就是**很討人厭。

當你用長遠的眼光從事有意義的工作，就不再只是根據別人能為你做什麼去評斷對方了。你會轉而發展出慷慨的特質，一種與人連結、提供價值、設法貢獻自己的生活方式。你自然會找到懂得回報的人——並不是因為他們欠你什麼，而是出於親切和善意。這才是所謂的「做朋友」。當你關心別人的需求並設法幫助**他們**成功，**這件事本身就是目的**。活得慷慨大方就是：花時間了解別人對什麼感興趣，他們喜愛什麼，以及他們想如何展現自己的影響力。當你對他們的工作或個人生活有所貢獻，就會領略到一種特別的喜悅。到最後，按照宇宙運行的方式，這種行動總是會以某種方式、形式或樣貌回到你身上。

我的建築設計師朋友布莉姬就是最好的例子。她熱愛自己的小鎮，多年前加入了一個志工團體，每週碰面討論社區的需求。她和其他成員透過共同關注的事情和興趣，建立起彼此關懷的關係。當其中一名成員得知有家非營利組織想找人設計一處新設施時，她自然推薦布莉姬參與那項計畫。這項計畫——為社區中資源不足者設立的一座資源中心——成了布莉姬兩年的收入來源，而且更棒的是，它符合她的價值觀。

在你需要任何人提供任何東西**之前**，拓展你的事業夥伴、朋友、同事和專業團體的圈子——而不是**因為**你需要什麼，才想到要建立關係。參與志工組織、嗜好或你喜愛的活動，結識興趣相投的人。當你透過體貼的心意和有益的互動擴大人際關係網時，就會發現有一群幫手準備好隨時出手幫忙。

深入挖掘

★何不加入與你有共同興趣的團體？什麼事讓你很熱中？你喜歡貓咪、道奇隊或健行嗎？別將你拓展人脈的努力局限在職場聚會或業內人士。

★若將你的時間與專長大方貢獻給無法以同樣方式回報你的某人，會是什麼樣子？

在你感興趣領域的組織中擔任志工會有什麼缺點？又有什麼好處呢？

★你何時要約自己想多認識的人喝咖啡呢？

在此寫下日期：

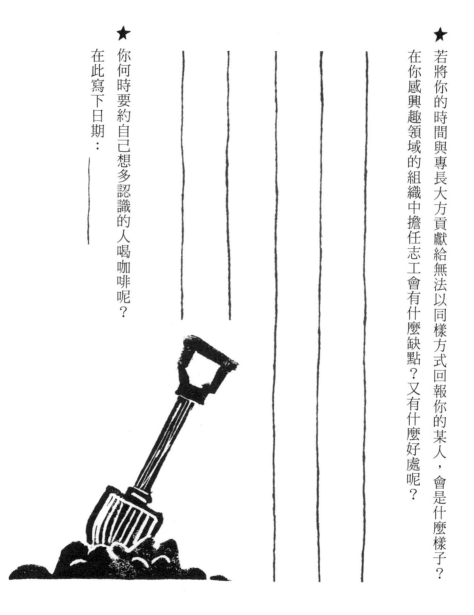

你的群體

你的夥伴是能與你、你的訊息和工作產生共鳴的人。

你的群體是由你工作服務的對象所組成。這些人透過共同經驗、共同目標和共同社群「懂」你的訊息，以及你整個人。這些人是領受你最好的工作成果、創意和慷慨的人。

要知道，你無法一直服務所有人。努力這麼做只是浪費精力和資源。並不是每個人都想要或需要你提供的服務，這沒關係。不過，也有一些人正等待並期盼唯有你才能做的那種工作。他們尋覓的也許是你的藝術創作、書寫、研究或特定才能。這些人就是你要去找出來與提供服務的對象。

無論你創造的是什麼，這都同樣適用：當你意識到自己的工作服務對象是**誰**，一切都會發生改變。你要為他們、為改善他們的處境、為他們的成功而工作。你的群體也會因此支持你和你的成功。當你的工作落在正確的地方、提供給正確的對象時，你的創作能力和對他人的影響都會呈倍數成長。你的群體會信任你的領導和貢獻，因為他們與你有更深的連結。

克莉絲汀．謝爾是個忙碌的四寶媽，嚮往放緩步調、有機會與他人交流的生活——就像她學生時期在法國體驗過的那種生活方式。❷她喜愛那裡的人慢慢用餐，為對話和人際往來保留時間，她希望有法子能將這一套生活方式帶回美國。然而，她得在孩子、活動、工作行程和各種責任之間奔波，生活並沒有提供太多機會滿足她的渴望。

有一天，她實在太想找出方法放慢節奏、與人交流，就把一張普通的木頭野餐桌漆成綠松石色，放在自家前院，接著邀請朋友和鄰居加入她的行列。結果，不只她的小社群生活發生了變化，就連從一**張**綠松石色餐桌開始的活動也演變成想體驗類似生活的人紛紛響應的一場運動。如今在全美五十州和全球許多國家都能發現綠松石色餐桌。這是鄰居和朋友可以放慢腳步、一同歡聚的場所。在前院坐下來聊天的一個簡單邀約，開啟了連結和喜悅的連鎖反應。

克莉絲汀透過留意自己的故事和積極投入她重視的事，找到夥伴——她的群體。當她分享自己創建社群的熱情時，正在尋找類似訊息的人就做出回應了。她發送的好客訊息引起他們的共鳴，進而變成一個自稱是「前院人」的社群。

想定義你的工作是為誰而做，這需要時間和努力。有時候，你甚至不確定自己的工作該**是**什麼樣子，又怎能在不知道訊息是什麼的狀態下找到受眾呢？回到你的故事，我們曾在「擁有你的故事」中談到的那個故事。重新回顧你的過去和現在。質疑你的假設並改進自己的願景。持續「允許自己」提出問題，並渴望去做最真實、最勇敢，也最美好的工作。

當你設法服務他人、在能力範圍內增添價值的時候，到最後所有事就會開始清晰起來。當你的故事與工作的美麗融合持續在世上展開，就會找到自己的群體。

我們的小祖妮是頭幸運的小毛驢。牠早早就得知組織團隊（包括牠的英雄、牠的幫手和牠的群體）的力量。牠親眼看見朝著共同目標齊心努力可以創造正向生態圈，並蔓延擴及更廣闊的世界。

深入挖掘

★何不花點時間找出你的群體呢？你的工作能讓誰受益？誰會對你的訊息產生共鳴？何不重新回顧你的故事，找出線索？

★如果你發送的訊息能傳達給喜愛與欣賞這些內容的人，那會是什麼樣子呢？如果縮小關注焦點，你的服務理念會有何改變？

★ 什麼方式能有效地服務你的群體？寫下你的點子。

★ 接著決定你什麼時候要採取行動。日期：

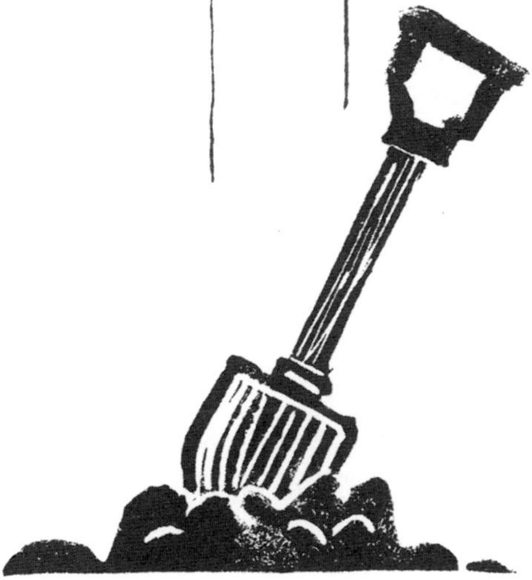

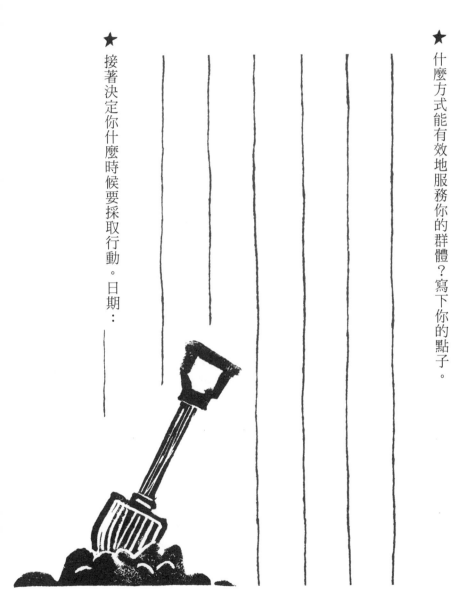

第 7 章

資產

Assets

「啊，蘇曼尼洛！」乾瘦的葡萄園管理人輕笑著湊上前去：「這是一種很特別的葡萄。」他調整帽子，把手臂靠在鏟子上，眺望遠處波光粼粼的亞得里亞海。他的家族世世代代照管這片葡萄園，因此他對生長在義大利薩倫托半島南部這處旱坡的每一種葡萄瞭如指掌。

「我們管這種葡萄叫『小驢子』。」他放聲大笑：「小黑驢！」他仍然記得葡萄收成時，驢子揹著它們從葡萄園走到釀酒廠的景象。

此地位在普利亞大區的最南端，以其風景秀麗的山丘和出色的釀酒傳統而聞名。這種稀有的古老葡萄品種在此被重新發現，並成為眾人關注的焦點。這種黑色小葡萄過去只生長在義大利幾畝的土地上，加上它長在大量種植的其他種類葡萄藤下，因此難以發現其蹤跡。

在二十世紀初，當地釀酒師偏好其他容易釀出更多葡萄酒的品種，這種驢子葡萄並不受他們青睞。蘇曼尼諾慢慢被取而代之，極少數殘存的植株被塞在角落、長在幾乎沒有其他植物能生長的陡峭山坡上。

世人普遍認為馬克．夏農是重新發現這種葡萄出色優勢的功臣，但他承認這種葡萄不容易使用。他說：「它適應力強、可靠且頑強，這非常難能可貴。」接著又補充說：「它相當容易種植，只不過未必符合釀酒師要求的規格，而且用它釀酒一點也不容易。它在這方面也很『像驢子』。」❶夏農必須從不同的家族葡萄園分辨並篩選出這種葡萄，接著經過特殊處理，才能充分發揮它們的獨特特質。

這種葡萄有足夠韌性，能抵禦惡劣的條件，即使缺乏多數植物需要的灌溉，也能在砂質土壤中茂盛生長。它們充分利用養分，在緊湊的葡萄藤上結出極其沉重的葡萄串，老前輩說這就是它會有「小驢子」這個暱稱的由來。這是向驢子致意，幾個世紀以來，牠們在葡萄園擔任馱獸，運送裝滿葡萄的籃子。或許也跟這種葡萄難對付的本質有關，它在釀酒過程中往往不按牌理出牌，所以就一直被叫這個名字了。沒有人能確定真正的答案，不過這個描述很貼切。

蘇曼尼洛一度受人忽略和低估，人們認為它只是一種好用的「輔助」葡萄，為其他葡萄酒增添總量與風味。但正是它的招牌特質幫助它存活下來，如今又靠著近來獲得的重視蓬勃發展。我們從這學到一件事：很多時候為了在人生的競爭中獲得成功，我們重量不重質，忽略了自己最寶貴的資產。我們錯誤地賦予天賦、學業成就和個人風格等事物最高的價值，但其實最珍貴的資產遠遠不只這些，它們為通往有意義的生活提供了一條更堅實的道路。

你得有韌性，才能在艱困的條件下茁壯成長，就像驢子葡萄生長在靠近海岸、受強風侵襲的崎嶇山坡地上。當其他人尋求輕鬆的成長時，像你這種百折不撓的人會發現自己的根紮得很深，並透過面臨的各種挑戰培養自己的能耐。還有，在意想不到的地方發現機會需要特殊的足智多謀。也許適用於別人的事不見得適用於你。你已經發展出一種本領，能在別人看不見的地方洞悉可能性。最後，堅持實現自己的願景需要一定程度的驢子般頑固，我們親切地稱之為「決心」。你有恆毅力……來上一腳。

韌性

你能從逆境和失望中重振旗鼓。

身為驢子，就**注定**要在艱困的條件下茁壯成長。

身為沙漠動物，驢子天生適合岩石地形和炙熱陽光。牠可以跋山涉水，忍受艱辛，因為內心具有力量和韌性。事實上，驢子最棒的特質之一，就是被擊倒後有能力重新站起來。

有一則關於驢子的古老故事，美國作家哈維．麥凱說得最動聽：

從前從前，一頭小驢子問爺爺：「我要怎麼做，長大才能像你一樣？」

驢爺爺說：「噢，這很簡單。你要做的，就是甩掉它，然後站高一點。」

「這是什麼意思？」小驢子問。

驢爺爺這樣回答：

讓我跟你說個故事……我在你這個年紀的時候，有一次外出走著走著，不小心掉進一口廢棄的古井中。我不斷大叫，最後有個老農夫路過看見我。我嚇死了。可是接著他離開了。我在那口井裡待了一整夜。

第二天早上，他帶著一大群人回來，他們全都低頭看著我。然後老農夫說：「這口井荒廢了，這頭驢子也不值得救，咱們這就開始動手吧。」你相信嗎？他們竟然開始挖土填井。我就要被活埋了！

當第一鏟土落在我身上後，我發現了一件事。每當泥土落在我背上，我可以甩掉它，然後利用它站得更高一點！他們不停剷呀剷，我也持續甩掉泥土，讓自己站高一點。

「甩掉它，然後站高一點……甩掉它，然後站高一點……」我不斷對自己重複這句話。沒多久我就跨出了那口井，雖然筋疲力盡，但我成功脫困了。

所以無論情勢有多艱困……無論事情變得有多糟……無論有多少泥土倒在你身上，只要記住——甩掉它，然後站高一點。你不會有事的。❷

每個人都會遭遇困境和挫敗，可是那些擁抱自己內心驢子的人善於尋找出路，度過難關。當選擇堅持到底、智勝困難時，就能增強你的韌性，從長遠來看，這反過來又能幫助你取得成功。韌性可以幫助你將每項挑戰視為一種學習機會，一種透過練習而增強的情緒肌肉。

美國作家吉格．金克拉時常說：「能讓你卓然不群的，不是你遭遇的事，而是你如何處理這件事。」❸美國帕運泳將瑪洛莉．韋格曼就是這種想法的具體化身，她在二〇〇八年接受一項常規醫療手術後下半身癱瘓。❹瑪洛莉過去一直都是競技游泳選手，這項人生巨變並沒有讓她停止做自己熱愛的事。她花了不到兩年的時間就締造了八項世界紀錄。她參加二〇一二年在倫敦舉行的夏季帕運，締造了十五項世界紀錄和三十四項全美紀錄，並奪得金牌和銅牌。隨後又在二〇一九年世界帕拉游泳錦標賽中贏得兩面金牌和一面銀牌，儘管賽前她因跌倒導致左臂嚴重受傷。

大多數人也許並不會在受傷後變成奧運選手，但我們確實能在日常生活中發揮韌性，拒絕被逆境打倒。當幾位醫生試著說服我女兒蘿倫，說她感覺「不對勁」的擔憂只是錯覺，她的韌性受到了考驗。她四處求診，直到有位醫師願意做進一步檢查，最終診斷出她患有姿勢性心搏過速症候群（又稱為「直立不耐症」，簡稱POTS），這是一種血液循環障礙。蘿倫接受正確治療之後，恢復了有家人環繞和充滿有意義工作的生活。

韌性可以透過大大小小的方式長期培養。

甩掉它，然後站高一點。

深入挖掘

★ 面對困難挫折，與其問「為什麼是我？」，你能換成「為什麼不是我？」的表達方式嗎？這會如何改變你的觀點？

★就你目前面臨的逆境來看，「重振旗鼓」會是什麼樣子？請試著描述它。

★你什麼時候要採取行動重振旗鼓？請定出時間表。

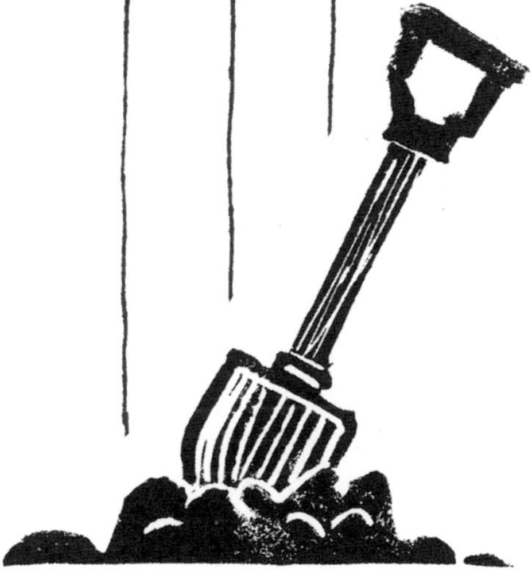

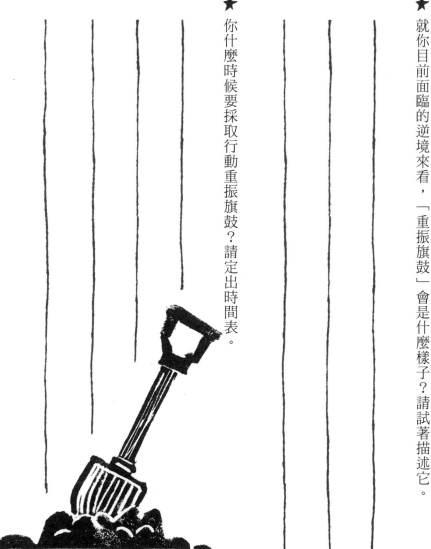

足智多謀

你會在受人忽略的地方發現機會與謀生之道。

驢子足智多謀。

如果是驢子，就能在意料之外和未被重視之處找到自己需要的東西。

驢子專家在電話上告訴我：「不會有事的。妳有一座安全的牧場，四周都有圍欄，還有一處乾燥的棲身之所，保護妳的新驢子免受惡劣天氣侵襲，而且妳已經找了獸醫為牠做檢查。」

我完全不懂怎麼照顧驢子，所以當閃電出現在我家車道上，我就開始在網路上四處尋求協助。好不容易才找到一位專家願意花時間給我指點和建議。我在對話中感覺到自己的信心逐漸增強。

接著這人說了句讓我很吃驚的話：「只要確保牠不要吃太多草就好。」

振筆疾書的我聽到這句話不禁停下動作。

「等等，驢子不是就只吃草嗎？」我問。

「這個嘛，驢子天生就是食嫩植動物。」他笑著解釋：「牠們喜歡尋找雜草和藤蔓、嫩枝和樹皮，還有樹梢的嫩葉。牠們的消化系統和其他馬科動物不同，能從馬兒不屑一顧的食物裡吸收營養。不過，能吃的草**太多**會讓驢子遇到麻煩。高糖分會讓牠們生病，甚至讓牠們的腿瘸了。」

「原來如此。」我說。那時我就知道閃電（還有後來的亨利）能在我家灌木叢生的德州土地上活得很好。這裡有充足的雜草和灌木叢讓牠尋找對的食物，不過春天時我得看著牠，因為那時會有大量的天然黑麥草。果不其然，無論是隆冬或酷暑，驢子在我們住的地方找出自己所需事物時展現了無比的機智。看見閃電和亨利為了吃灌木叢裡頭的嫩葉而將整個身體幾乎埋進小樹叢，只露出屁股，不禁讓我啞然失笑。

足智多謀是我最喜歡的一項驢子特質。當牠們必須在那些被忽略的地方尋找維生的食物，才會是最健康的。當牠們為了填飽肚子而必須稍加努力時，就會表現最好。牠們喜歡挑戰在一堆小樹枝間找出一片美味的樹葉。擁抱內心的驢子會讓你也適合接受生活中的挑戰，披荊斬棘，在最意想不到的地方找出機會。

播客製作人派特·福林就是這麼做的。當他在二〇〇八年被解雇後，身為建築師的他不知道接下來可以做什麼。❺在那段經濟衰退時期，沒有公司招募新員工，因此他決定去意想不到的地方尋找收入來源。他過去陸續在部落格發表文章，粉絲人數不算多，但他打算以此當起點。他提供一份可下載的PDF檔案給想取得建築師專業認證的人，結果在一個月內就達成很亮眼的銷售成績。派特知道他已經為自己與其他人開闢了一條道路。從這時起，派特憑藉著足智多謀開創出各式各樣、價值數百萬美元的生意，也幫助其他數萬人發揮自己點子和熱情去創業。他認為發生在自己身上「最糟糕的事」，也就是失業，反倒促成他找到最美好的事。

當問題沒有簡單的答案，也沒有唾手可得的資源能符合需求時，你可以培養發覺創意對策的本領。足智多謀的企業家會想出其他人不曾想過的商機。足智多謀的管理者知道如何幫助部屬創造最佳的工作成果。足智多謀的員工能靠自己找出方法解決問題。足智多謀的老師往往在預算有限、沒有太多外援的情況下，找出創新的方式幫助學生學習。足智多謀的父母會想出如何把錢花在刀口上來養活孩子。當進步遇到路障時，足智多謀的人學會如何運用努力、跳出框架思考，以及創造解決對策，讓事情重回正軌。

深入挖掘

★何不自問：「還有什麼是我沒考慮到的？在嘗試解決遭遇的問題或情況時，我忽略了什麼？」在此寫下你的答案，提醒自己。

★我打破常規的點子需要什麼才能實現？要是成功，那會是什麼樣子？

★我會為自己想出新對策設下什麼期限？根據需要，把它拆解成幾個不同階段的日期，以及一個完成日期。

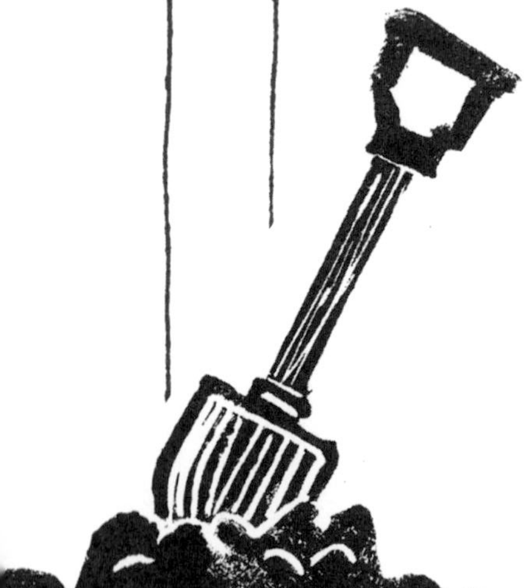

決心

對重要的事堅持到底。

這是驢子最著名的特質：頑強的毅力和不屈不撓的精神。我喜歡稱之為**決心**。我可以跟你說個小祕密嗎？驢子其實不喜歡被說是「固執」，因為這個詞暗指牠們不肯變通、不願讓步、難以共事。不過我**確實**喜歡「固執」的另一面：「目標或主張堅定不移；**堅決的**」。[6]固執的這一面是堅守信念、面對反對意見時展現勇氣，以及堅定自己的目標。這是一種不會放棄有價值事物的恆毅力。驢子的這項資產可真不得了！

讓人偏離正軌的，往往不是重重困難或突如其來的問題，真正的挑戰是長期堅持某件事的**日常性**。日復一日，月復一月，一次又一次，你得有驢子般的固執才能撐過這種平淡無奇。頂尖研究員、心理學家安琪拉．達克沃斯定義這種勇氣是「追求長期目標的堅持和熱情」，這與持續的興趣、自我控制和延遲短期滿足有關。[7]

決心是對長期目標的承諾，透過養成始終如一的習慣獲取成功。《原子習慣》一書的作者詹姆斯・克利爾說：「恆毅力並不是得到極大的鼓舞或勇氣，而是建立起日常習慣，讓你能照表操課，並且一次又一次地克服挑戰與分心。」❽就算你不想起身把同樣的事再做一次，它也能讓你堅持下去。這種固執是決定你能走多遠、能持續多久，以及能有多大成就的關鍵資產。

你不僅要有勇氣說「我會再試一次」，更要能說出「我會堅持下去」。驢子的固執，也就是決心，承諾會為實現這個目標而竭盡一切努力。決心就是運動員每天早上四點起床進行游泳訓練，就是為人父母者關心並養育自己的孩子，就是結褵四十年的夫婦透過每天互相扶持經營婚姻生活。當你相信自己的努力有意義且有價值時，就能找到方法堅持下去。

「大多數人都會錯失機會，因為機會穿著工作服，而且看起來像是苦差事。」這句話常被認為是愛迪生說的，儘管它的出處存有爭議。在崇尚名氣、追求一舉成名、嚮往變成網紅的文化中，決心似乎是一種過時的特質。花時間在幕後讓有價值的事發生並不耀眼，可是當擁抱內心的驢子時，會發現這就是你最擅長的事。你不害怕發揮自律或養成好習慣，因為你知道這就像是在黃金礦場工作：你必須一次又一次地深入礦坑，才能挖出寶藏。大多數時候，你挖出來的是大量毫無價值的石頭，但還是會繼續回去挖掘，因為你知道有個資源豐富的主礦脈等待發掘。

你下定了決心。你具備和驢子一樣頑強的恆毅力。

你擁有堅持下去所需的一切。

深入挖掘

★何不訂定一個對你有意義的長期目標？是什麼阻止你做出承諾？在這裡宣示你的目標：

★實現這個目標需要什麼條件？想像你已經完成這個目標的情景，然後採取逆向工程方式反推：你做了什麼才能實現它？

★你什麼時候要養成習慣，讓自己朝著目標前進？

擬定日期：

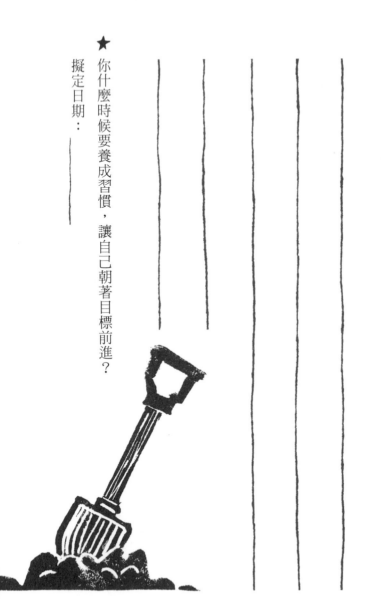

Donkey-stubborn:
a level of grit
that simply does not
give up on
what's worthwhile.

和驢子一樣固執：
一種不會放棄有價值事物的恆毅力。

第 8 章

令人驚奇

Astound

「如果你請驢子吃鬆餅，牠會想要來點糖漿配著吃。」

早在有隻小豬於蘿拉．努墨歐夫寫的童書中吃著澆滿糖漿的鬆餅之前❶，一頭熱愛鬆餅的驢子在《大峽谷的小光》（*Brighty of the Grand Canyon*）一書中就經歷了非凡的冒險，讓全世界為之著迷。由瑪格莉特．亨利創作的這本書以一頭真實的小毛驢為原型，牠大約在一八八二到一九二二年間，生活於大峽谷及其周邊地區，是很不可思議的英雄，留給世人難忘的故事和貢獻。

有一天，人們發現一頭野驢坐在一處廢棄的礦工營地裡，像是在等人歸來。大家以「光明天使溪」給牠取名為「光明天使」，暱稱小光，後來成了大峽谷的吉祥物。牠從未真正被馴服過，總是自由地到處遊蕩——和狩獵監督官吉姆．歐文（Jim Owen）或負責經營夏令營與遊客商店的湯瑪斯．麥基（Thomas McKee）一家在北緣度過夏天，提供自己的服務來換取點心和關注。小光讓孩子們騎在牠背上，和年輕的鮑勃．麥基（Bob McKee）一起運水到營地，他會用鬆餅獎勵這頭驢子。不過小光絕不接受任何人把牠當成馱獸，牠會利用樹幹或峽谷陡壁擺脫背上的旅行背包。大家都知道如果牠感覺某人不誠實，就會出腳踢對方，當牠不想被人發現時，就會巧妙地隱藏在眾目睽睽之下。等到寒冷的時節到來時，牠就會告別人類同伴，獨自在峽谷底部比較溫暖的地方過冬。

小光透過與狩獵監督官的關係，以及對峽谷地形的了解，牠其實幫忙解決了一宗謀殺懸案。牠是當地名人，遇見過泰迪．羅斯福，據說甚至和這位總統與其子昆汀一同獵山獅。當峽谷底部橫跨科羅拉多河的凱巴布步道吊橋竣工時，小光是啟用典禮上率領群眾走過吊橋的名星。

亨利女士的書把小光的故事說得活靈活現，該書在一九五三年甫一上市就大獲好評。世界各地的讀者都愛上了這頭鬥志旺盛的小毛驢，不久之後，這本書被拍成電影，吸引了**更多**觀眾。大峽谷南緣遊客中心就獲贈一座小光的青銅雕像，後來它成了旅遊景點，激發眾人對仍舊在峽谷遊蕩的野生毛驢產生極大興趣。

後來小光的故事有了令人難忘的轉折，沒想到，牠對這世界的影響還沒結束。到了一九七〇年代，有關當局開始推動恢復大峽谷的原始自然狀態，並撲殺非該地區原生的任何動物。大量野驢被悄悄消滅，但是小光銅像最後成了引爆一場民眾抗爭的導火線。原來，這座雕像的青銅鼻子被成千上萬的訪客為了求好運而摸得發亮，但大峽谷國家公園管理當局將它收進倉庫，希望民眾會淡忘小光的故事，然而，他們沒料到這個決定會掀起軒然大波。人們集結起來要求恢復銅像，但更重要的是，大眾開始意識到峽谷裡野生毛驢的困境。募款的努力有了回報，大多數倖存的毛驢被空運出峽谷並得到安置，而不是遭殺害。更重要的是，驢子救援成了一項強有力的運動，至今仍持續幫助這些美麗的動物。而小光銅像在北緣的大峽谷旅館找到了永遠的家。

這一切全都因為一頭令人驚奇的小毛驢而起。

令人驚奇是什麼意思呢？它的意思是：敢於超越旁人的預期，讓他們吃驚。打破他們對你先入為主的想法，以及對你能為這世界做何貢獻的假定。運用你獨特的能力排除萬難，讓眾人讚嘆，給他們談論的素材，而你創造了一項令人難忘的事蹟。這是真正有創意的領導力的標誌——無論你是執行長、企業家、全職家長……或是一頭毛驢。找出讓自己出類拔萃的方法，創造出一條長遠的成功道路。

小光只是大峽谷數百頭野驢中的一頭。說實話，在小光成名的同時，有無數家驢在礦坑工作、為遊客載運裝備。但是這頭吃鬆餅的驢子不受任何限制，表現超乎期待，讓**野驢**和**家驢**同感驚奇。

牠成了跌破眾人眼鏡的英雄。牠脫穎而出。牠感動眾人。

不被看好的、非凡的、令人難忘的。這些是驢子法則發揮作用時的特質。當你全心投入使命，完成唯有你才能做到的有意義工作，世界會為你的貢獻感到驚奇。

不被看好的

大膽讓低估你的人跌破眼鏡。

超越期待。

做一個不被看好的人。

成為戰勝困難、打破假設的人。

成就不可思議的成功故事。

被低估是一股巨大的力量。沒有人期待你達成任何重要的事情時，你其實拿到了一份祕密禮物。背負著遠大期望的人必須承擔讓自己、也讓最初如此期許的人感到失望的風險。他們的目標已定，只要有分毫未達標就會被視為失敗。除了目標**以外**，任何成果都會被視為失敗。

相反的，你沒有這種限制。你有機會制定自己的路徑，創造自己的目標。不被看好給了你「時間」這份禮物——讓你有時間琢磨自己的技能、偵查地形、建立你的英雄、幫手和群體人脈。你在尋找超越期待的對策上可以展現足智多謀和創意，無須承受「成功」的外在壓力。

反正沒啥損失，你可以放手嘗試被別人放棄、幾乎不可能的「登月」目標或抱負——這卻能給你機會，讓評論者大吃一驚。

艾利森．朗巴提斯（Alison Lumbatis）是服裝配方（Outfit Formulas）的創辦人與執行長。當她發現自己熱中於幫助女性透過服飾找到自身價值時，在四十歲那年成為時尚部落客——對過去擔任工程師的她來說，這是一條不被看好的道路。艾利森轉行不久之後，有個成功的網紅對她說，她的部落格絕對賺不到錢，因為她不遵循傳統的部落格商業模式，也就是發文介紹新品和穿搭來賺取聯盟行銷佣金。

但是這不符合艾利森自己的購物習慣，所以她還是繼續發表「從衣櫃現有服裝中採購」的文章。事實證明，那位網紅說得沒錯。艾莉森沒有從這當中賺到錢，可是她告訴我：「接下來發生的事甚至更棒！我為女性開發了一套方案，讓她們按照自己的預算，從她們的衣櫃裡創造出合適的穿搭。我沒有透過傳統模式賺錢，現在卻擁有一家營收超過七位數的公司，還雇用了十名女性。」真是了不起！

艾利森不被看好的道路讓她建立了成功的企業，不只符合她的價值觀，也能服務並幫助他人。❷

我敢打賭，你肯定克服了自己的某些不利條件，才有今天的成就。也許某人出於好心，想阻止你好高騖遠。也許此時此刻你正努力相信自己有能力實現你那不大可能的夢想。或是有人讓你相信自己欠缺開闢成功之路所需的才華、天賦、背景、教育、人脈或資源。

證明他們錯了。

記住，對於不被看好的事，驢子**不費吹灰之力**就克服了。牠們選擇另闢蹊徑前往目的地，一次跨出無畏的一步，完成不可能的事。當你覺得心灰意冷時，記住，**許多**偉大的領袖和有成就的人都曾被旁人唱衰。從曾被認為是沒有前途的政治人物，卻在二戰時期領導英國的邱吉爾，到後來成為烏克蘭總統，率領全民對抗俄國入侵的前喜劇演員澤倫斯基，儘管沒有人看好他們，但英雄總會找到方法爬上高峰。

至於大峽谷谷底的一頭流浪毛驢？是的，這是一則不被看好的故事。牠以其超凡的個性和魅力挑戰眾人的期望，一路贏得人心。小光提醒我們，被低估可能是一個強而有力的起點。當你認定願意冒險的人有勝算時，就會開始擁抱不可能，並設法讓唱反調的人驚訝又讚嘆。

深入挖掘

★有何不可呢？（這是「何不？」這個問題真正大放異彩的地方。）何**不**做一個跌破別人的預期，帶來驚喜成果的人呢？你認為大家現在對你有何期許？什麼最讓他們驚奇呢？

★如何才能讓你的夢想從「不可能」變成「可能」？

★ 你什麼時候要採取行動？定出實現自己第一個目標的開始和完成日期。什麼是你的首要目標？你心中還有哪些重要目標？

★ 我的第一個目標的起始日：

完成日：

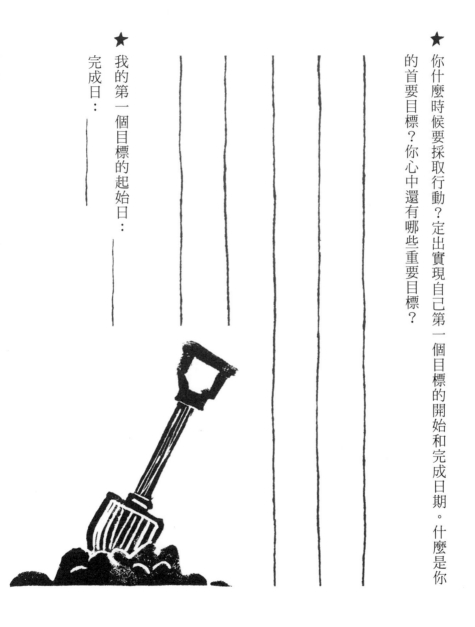

非凡的

在人群中脫穎而出。

讓人談論你。
透過非凡的表現令他人開心。

小光是生活在大峽谷地區的數百頭野驢之一，但只有牠脫穎而出。牠表現非凡。畢竟，牠可是**熱愛鬆餅**的驢子。你瞧，要讓眾人談論你不必花太多力氣。只要做些不尋常的事，小光就成了大家聊天的話題。沒有人遇過吃鬆餅的驢子，牠的滑稽舉動讓人們臉上露出笑容。來到大峽谷的遊客都驚呆了：這頭野驢竟然自願載孩童一程，還幫助他們處理雜務。聽說牠會弓背躍起，不讓成年人騎在背上，或是拒絕向難伺候的青少年讓步，逗得他們都笑了。而且牠還能判斷一個人的品格？好啦，這真是值得談論的事！

我一生中遇過許多傑出的人，他們不尋常的興趣或能力總讓旁人驚訝不已。我的朋友貝琪是愛達荷州一名出色的滑雪教練，也是五個孩子的母親和兩個孩子的祖母……還是一名截肢者。她在十幾歲時被診斷出患有一種罕見癌症，高中畢業前，她的左腳從大腿處截肢。但她從來沒有因此停止追求自己熱愛的運動，從跑步、騎自行車到滑雪。無比非凡。

我永遠忘不了大約三十年前我丈夫看的心臟外科醫師。他總是穿著白袍，打上別出心裁的有趣領帶。從魚餌到漫畫英雄，這些領帶反映出他廣泛的興趣，而在他早上巡房的時候，它們**總能**引發議論。我和丈夫最近聊起這件事，**仍舊**記得引起我們注意的那些特殊設計。他每天精心挑選引人注目的領帶，給病人帶來笑容，緩解了他們的焦慮。

我以前的牙醫長得很像克林・伊斯威特，結果他利用這種神似長相大打行銷廣告。城裡到處都看得到廣告看板大肆宣傳兩人相似之處，把這當做他個人品牌的一部分。這無疑引發大家的話題。

我還有一位名叫珮琦的年長朋友，很喜愛舉辦派對。她一年到頭都在籌畫這些活動，力求主辦的派對可以成為大家多年後記憶猶新的難忘盛會。她開設的在家宴客課程總是受到年輕女性（和男性）的歡迎，他們覺得她對社交聚會的熱情非常有感染力。

我們常常小看了表現非凡所需要的微薄之力。很多時候，這種微薄之力就只是盡量表達善意或做一些值得注意的事這麼簡單。老布希總統以其私人手寫信而聞名。❸從辦公室助理到世界領袖，他每天都會寫感謝卡給他們，表達自己對看似微不足道的小事和國際舞台上重要大事的感激之情。他認為，這是一種與人聯繫的簡單方式，但到今天仍讓我們津津樂道。

現在你該問問自己：「什麼讓我與眾不同？我以什麼聞名？我如何讓別人開心？」展現非凡並不是要在專業領域表現得最優秀，或者用來打造品牌的計畫，而是追求能提升你的生活，以及擴大自己影響力範圍與文化的興趣、技能和經驗。當你走出舒適圈，接受發揮創意的新管道、養成新習慣，或者最終擁抱自己的特質時，你就開始從平凡走向不凡。進一步公開你的嗜好與興趣，能讓你出類拔萃。

非凡意味著對話已經展開，聯繫已經建立，觀念也改變了。給眾人可以談論的話題。

深入挖掘

★何不試試你感興趣卻被擱置的活動或嗜好呢？它可能是什麼？

★「非凡」對你來說是什麼樣子？當你不在場時，會希望別人如何評論你？

★ 你什麼時候要安排一個日子做些不尋常的事？你會選擇做什麼呢？

令人難忘的

透過與他人的情感連結，成為有影響力的人。

敢於令人難忘。

什麼樣的人令人難忘？光靠不尋常或新奇嗎？還是創造一種讓人興奮的體驗？或是說出有深度的話？

或許令人難忘存在更深的地方？

二十世紀美國最傳奇的女作家瑪雅．安吉羅曾說：「我明白別人會忘記你說過的話、做過的事，卻**永遠不會忘記你帶給他們的感受。**」

即使小光離開已久，但大家仍然記得牠，因為牠打動了人心。牠身上有種特質，能引發接觸過牠的每個人的情感共鳴。牠本可以無拘無束地自由奔跑，卻留下來和人類待在一起，用牠滑稽的動作逗樂他們。牠按照自己的方式過活，這提醒眾人自己也有能力掙脫期望的枷鎖，想像充滿發現與喜悅的那種生活。人們愛上小光不羈的精神，也愛上牠的脆弱，也在牠身上發現讓他們鍾愛的特別之處。

小光令眾人快樂。

令人難忘的意思是：與他人的情感產生連結，而這只會發生在你展現真實的驢子本性時。展現脆弱要冒一定的個人風險，但回報是與他人建立深厚、持久的連結。這就是為什麼如果你讓某人說出令他難忘的一個人，他不可能說出某個名人，而是對自己有切身影響的人。這個人往往是父母或親人，對方看見他們本來的樣子，而且無論如何都接受並愛著他們，這對他們產生了持久的情感影響。也可能是除了課堂上的傳道授業之外，在更深層次上與他們有所連結的某位老師。還可能是鼓舞他們或幫助他們看見自己價值的某個人。

一個令人難忘的人是：

- 誠懇的。
- 流露情感。
- 分享自己的故事。

- 聽見也**看見**他人。
- 肯定別人。
- 不自以為是。
- 不虛假。
- 關切的。
- 知道什麼是重要的。
- 展現同理心。
- 讓他人感覺受重視。

兒童電視節目《羅傑斯先生的鄰居》的創作者佛瑞德．羅傑斯（Fred Rogers）就是這樣令人難忘的人。他的電視節目從一九六八年到二〇〇一年在美國公共電視台上播出，內容反映出他對兒童和他們情緒健康深刻的關切。不像其他兒童節目專注在學習與就學準備能力上，羅傑斯先生透過他平靜的神態、親切的口吻，以及樂於談論比如死亡、離婚、種族、殘疾和失落等困難主題，關注孩子的情緒與身體健康。

羅傑斯是長老教會牧師，認為他和收看其電視節目的兒童之間存在著一個「神聖空間」，因此他細心周到地處理每一集節目。結果他幫助數百萬名孩子和他們的家庭培養出同理心、仁慈和理解。他協助孩子處理對他們很重要的主題，理解他們的情緒，並且示範如何接受。羅傑斯透過電視這個媒介，帶著真誠和脆弱，找到一種連結情感的方法。羅傑斯的小觀眾都可以感受到他看見、也理解他們的世界。世人永遠不會忘記他。

不被看好的、非凡的、難忘的。令人驚奇是你能力所及之事。你不必締造速度最快的世界紀錄，或者以舞蹈動作在網路上爆紅，你要做的就是挖掘個人故事中不大可能的軌跡——留意你讓自己和他人驚奇之處，擁抱自己的獨特性，並且決心與他人建立深厚的連結。

深入挖掘

★何不鬆懈防備，與你關心的人來場真誠的對話？這個人會是誰？

★怎麼做才能讓你令人難忘？在你個人的世界中，令人難忘是什麼樣子？在你的職場上又是什麼樣子？

★你何時要採取行動？讓別人知道你在乎他，似乎永遠沒有最好的時機。如果你老是延遲提筆寫信或打電話，這星期就動手做吧。在這裡記下你想說的幾件事。

達成任務
Deliver Your Work

第 9 章

登高

Ascend

「各就各位，預備～起！」

起跑槍響後，選手立刻動起來，在崎嶇不平的山區進行總長三十三公里的比賽。參賽者有男有女，有老有少，兩兩一組：一人一驢。這些驢子（在美國西部稱為「毛驢」）跟人類隊友一樣，體型從巨大到標準、再到迷你都有。這是科羅拉多州的夏日傳統運動「馱驢大賽」，而且**沒錯**，它很夯！規則很簡單：每頭驢子必須背著一包沉重的採礦工具，包括一只礦土淘選盤、一把十字鋤，還有鏟子——就像過去採礦歲月裡的驢子那樣。每個人都得牽著自己的驢子一起奔跑（不許騎乘），而且必須全程手握牽繩。如果繩子掉了，參賽者必須回到繩索掉落處重新開始。這既是慶祝採礦小鎮的歷史，也是展示參與淘金熱的奇妙動物的技術能力。

傳說這項比賽源於兩名探礦者衝下山，進城爭奪一處金礦礦脈的所有權……他們的驢子也一起行動。第一場正式的比賽於一九四九年科羅拉多州的費爾普萊舉行，從那時起，世界各地的好手紛紛來到美國西部採礦小鎮參與這場極限運動。儘管最快抵達終點的隊伍能得到獎賞，但是越過終點線的每支隊伍都會因為完成一項辛苦得來的目標而獲得滿足感。

夏恩．韋甘德（Shane Weigand）是新墨西哥州馱驢隊的創始成員，也是西部馱驢協會的成員，他和一頭名叫彗星的六歲驢子一起遊走鄰州。❶夏恩是弓箭狩獵手，最初對毛驢感興趣是把牠們當成運送麋鹿肉出山區的工具，等到他養了幾頭驢子以後，變得很熱中於這整個馱驢傳統。

在談論他的經歷時，夏恩這麼告訴我：「毛驢是美國西部史很重要的一部分，絕大數礦場山城的老照片裡都有驢子的身影，牠們無所不在。」

夏恩的弓箭狩獵探險讓他和自己的毛驢共度了大量的寶貴時光——徒步數公里進入人跡罕至之地，一同在星空下入睡，以團隊的形式工作。他說驢子有一種獨特的氣質，令牠們格外適合翻山越嶺。這些毛驢沉著冷靜，長途跋涉是天生本能，牠們似乎了解自己在面對工作和群山的挑戰上有何長處與能力。牠們看起來全然專注在當下，能夠享受探險，當然有時也會沿路趁機大啖高山青草與灌木當零嘴。牠們展現出一種安靜的自信，不需要爭奪地位或注意力。夏恩說：「牠們是很了不起的動物，但是牠們的貢獻並沒有得到足夠的認可。」

他笑著繼續說：「無論在窮鄉僻壤或比賽中，和毛驢一起工作有一大挑戰，那就是牠們沿路上應對各種狀況的方式。」接近自己不確定的東西時，驢子通常會停下腳步，這令駕馭牠的人非常挫敗。像這樣突然止步不前，經常會被誤認為執拗，也是容易被模仿或拿來取笑的事。然而，驢子明白暫停有極大的好處。這個招牌的舉動，可以讓權力的主導位置轉由牠們控制。夏恩說：「與人競爭的時候，你絕對要檢查自我。」

科羅拉多州和美國西南部的許多小鎮都會舉行驢子大賽，夏恩很想體驗看看。他曾和其他幾頭毛驢一起參加過比賽，後來從美國內政部土地管理局認養彗星，如今已經和牠在參賽過程中建立起運動夥伴關係。

夏恩知道，學著控制自己和彗星的配速，是長程比賽中堅持下去的關鍵。「一旦度過充滿腎上腺素和興奮的第一個小時之後，你得努力保持一種可持續的配速。必須牢記：你的驢子不在乎大獎。牠之所以參賽是因為**你**也參賽，你們必須齊心努力通過終點線。驢子享受的是和你一起完成這件差事的滿足感。」

無論快跑上山、在偏僻荒涼之地長途跋涉，或者馱運黃金出礦坑，驢子都知道自己的配速。牠們的腳步穩健、行動迅速，但不能違背自己的意願，被迫加快速度。牠們意識到自己的存在，對自己應付地形的能力充滿信心。最後，牠們明白暫停讓自己有機會澈底想清楚下一步行動。

你會如何攀登自己的使命大山呢？別忘了配速、存在，以及暫停的力量。

配速

別著急，保持可以長久持續下去的速度就行了。

找出適合**你**的配速。

儘管驢子在馱驢大賽中展現了競技能力，但牠們最大的優勢並不是速度，而是實際的配速。每頭驢子選手都會在賽道疾馳、小跑和步行（是的，牠們甚至會突然止步不前），這就是此類賽事的魅力和挑戰所在。牠們和人類夥伴一起努力，以可持續的配速應對多變的地形——從柏油路到崎嶇山徑、隘口和陡峭的峽谷。在一般情況下，通常是由毛驢帶領人類並定出速度，決定該如何對付眼前的道路。這需要透過持續訓練和時間來建立一定程度的信任。

「找到另一支隊伍並跟上對方的步伐，永遠是個好主意。」當我和夏恩繼續聊時，他告訴我：「在山徑上，你可以和別人一起創造一個『小群體』。讓一頭毛驢走在隊伍的最前方，有助於其他人保持不斷前進。」這對真實生活的配速來說，也是個不錯的策略。志同道合的夥伴能幫助你在想放棄時保持動力，堅持到底。

驢子能快跑嗎？牠們當然可以。只不過驢子未必是為了競速而生。牠們為耐力而生。牠們為**運送物品**而生。而這有賴配速。

這表示，為了保留體力而放慢速度，並找出行得通、能持久的節奏。任何長跑運動員都會告訴你，設定一個容易實現的配速是堅持下來的關鍵。一開始就全速衝刺，保證會耗盡這趟賽程後段所需的能量。

遺憾的是，大多數人被迫以驚險的高速生活。科技讓生活變得更輕鬆，但也創造出二十四小時運作、全年無休的環境，讓人得整天待命。工作並不會在下午五點結束，它會侵入傍晚和週末，干擾夜間睡眠，比鬧鐘更早喚醒我們。我們覺得自己必須抓住每個機會，必須滿足不斷增加的責任要求。結果我們的生產力受到影響，能為這世界提供有意義工作的能力也下降了。人往往得經歷過勞——連再走一步也沒辦法——才能體會掌握自己生活配速的價值。這時就該重新評估輕重緩急並定下界線，才能活出有成效、有意義的生活，而不是被迫過著超過負荷的日子。比較好的辦法是把眼光放遠，從決定如何能以最佳方式圓滿完成的心態**開始**。

多利・克拉克在她的著作《長線思維》中說：「理解成功真正的要件。有太多人因為進步得不夠快而氣餒，這是因為他們從來沒有花時間問問題，或發現別人花了多長時間才取得成功。先規畫清晰的願景，就可以調整節奏，並設定符合現實的目標。」❷

一旦認清人生的重點不在於贏得競賽，而是提供自己的好作品給這世界，你就能開始思考什麼樣的配速對你來說是可持續的。你可以開創的一種人生，是以美好的方式——也就是按照你的時間和條件，為你和周遭世界服務。

深入挖掘

★何不評估你的生活配速？你目前的計畫或生活像是一場失控的比賽嗎？你的目標是獲勝嗎？還是「馱運物品」，也就是把你最好的作品帶給這世界呢？

★設定自己的配速看起來會是什麼樣子呢？什麼樣的節奏最適合你？

★設定配速如何影響你安排今日朝目標努力的作為呢？你可以刪除哪些事呢？

存在

信任你的直覺。相信自己存在的力量。

多數人行走於世總會拿自己與他人做比較，覺得自己不夠好。在這個讚頌賽馬的世界中，我們**感覺**自己像是驢子——那些光鮮亮麗的贏家輕輕鬆鬆就取得個人和職業的勝利。也相信那些說我們配不上、無法與人競爭的聲音。如此一來，其實削弱我們在世上的存在感。這是惰性的源頭，讓我們在還沒開始之前肯定就先崩潰的方式。

或許你已經習慣接受過於狹隘的成功定義。「光鮮神氣。精明幹練。成為跑得最快的馬。」你一直在不屬於你的賽道上努力競爭——這條賽道無止盡地繞圈圈，直到極少數的菁英獲得贏家的頭銜。

可是你根本不是為這種目標而生！

相對的，你生來是要守護在自由野地下的黃金。你可以選擇自己的競賽場地。你的競賽可以是越野賽。你有本事在極端凶險的道路上靈活應變，也能毫不畏懼地站在山頂上。這個舞台不是給光鮮神氣、精明幹練的人，而是風塵僕僕、步履穩健者的天地。

這種存在是有力量的。

是**你**將這種存在帶到這世上。

你擁有自己的一席之地。

你的存在作用強大，這無法用別人的標準來衡量。

你一旦體認到自己存在的重要性，就會開始信任自己的直覺，走自己的路，未必得選擇平整的道路。你大可對自己的驢子本性充滿自信。

我不禁想起《開啟你的創意天賦》的作者卻斯．賈維斯，他靠足球獎學金上大學，全心投入學業，之後打算去享有盛譽的醫學院就讀。然而，在大學畢業前一週，他的祖父突然因心臟病發作而離世，留給卻斯一小批相機和鏡頭的收藏品。以市值來說，這並不是很大一筆遺產，但足以讓卻斯的喪親之痛重新聚焦在一項創意嗜好上，進而大幅改變他的人生道路。

卻斯憑著決心和努力，成了舉世聞名的攝影師，後來更創立CreativeLive.com這個平台，致力於幫助其他人追求他們的創作夢想。❸卻斯跳脫成功的「既定」軌道，突破未知領域，開闢自己的道路，因為他信任自己的直覺。他說：「直覺低聲告訴我們，什麼才是自己命定的事，我們又該如何生活，這答案來自內心，卻通往未知之地。等我終於開始聆聽這個召喚，就發現自己走上了一條全新的道路。既不是職涯顧問規畫的那條路，也不是父母鼓勵我走的那條路，更不是社會建議我選擇的那條路，而是我自己的路。」❹

這就是對自己的存在充滿自信看起來的模樣。

《姿勢決定你是誰》的作者艾美．柯蒂告訴我們：「存在指的是了解並能夠自在地表達自己真實想法、感受、價值觀與潛力的一種狀態……當我們覺得自己很有力量，存在感就會出現，那讓我們敏銳地察覺到最真摯的自我。」❺

你的直覺告訴你該做什麼？跑起來？躺下？戰鬥？還是……現身？聆聽？工作？深入挖掘？讓外在的聲音靜下來，你就能專注在內心的指南針上。這需要勇氣和練習。放下你**不是**的那種人設，退出**不該**參加的競賽。這讓你擁抱自己真實的優點和才能，去做符合自己價值觀的事。如果你能貫徹到底，就會對自己的存在充滿自信。

深入挖掘

★何不離開別人為你打理好的平整道路，選擇自己的路？在理想狀況下，你希望這條路帶你通往何處？

★ 信任自己的直覺看起來會是什麼樣子？怎樣才能讓你重視自己對事情的直覺？

★ 你什麼時候才肯定會去做直覺認為是對的事？為什麼**現在**是好時機？

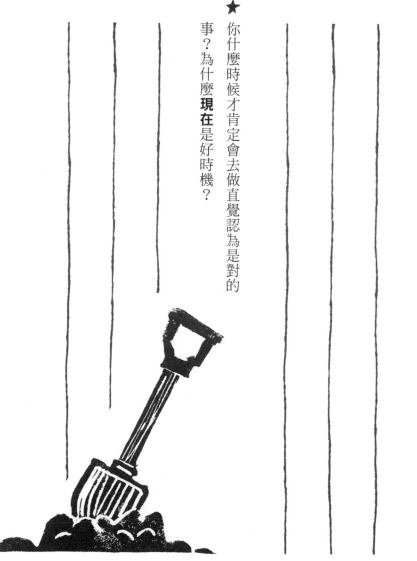

暫停

學習暫停的力量。

這不是祕密：驢子時常突然止步不前。牠們直接停在原地，不肯動。

牠們就是不．肯．走。

這會讓努力哄牠們聽話照辦的人覺得挫折又尷尬。我無法告訴你有多少次閃電莫名其妙地決定不想再跟我一起走，我得努力把牠往前拉。最糟的是，這剛好發生在我希望讓對方留下好印象的人面前，或者就像夏恩帶著一抹苦笑說的：「當你正要衝過終點線的時候。」

為什麼驢子**會**突然止步不前呢？是牠們非常固執？還是牠們很笨？

其實這些都不是真正的原因。暫停是驢子的一種本能舉動，能將選擇的權利交回到牠們手上。

你要知道，驢子停下腳步，時常是因為牠們不確定前方有什麼、牠們可能不信任指令或發號施令的人、牠們也許累了、或許有什麼東西讓牠們疼痛或不舒服。或者……牠們有更好的主意。暫停是驢子釐清自己選擇的一種方式。與其急忙衝向前，牠們寧願花點時間想想該採取什麼行動。驢子要表達的是，牠們不願還沒想清楚就被迫做出決定或採取行動。

我們全都能學會暫停的力量。

有多少次你倉卒做出決定，事後卻懊悔不已？你多常被迫去做自己不想做的事，購買你不需要的東西，或者許下你無法信守的諾言？

我曾經向朋友推薦的兩名銷售員買下一台無比昂貴的吸塵器。這對業務拍檔在我家花了好幾個小時，向我展示這台機器上所有花哨的功能。它重得像頭犀牛，也同樣笨重不靈活。接下來他們又待了一個小時，不斷逼我簽約。（這期間我年幼的孩子一直哭著尋求關注。）在倉促、強迫壓力、知道朋友已經買了一台的情況下，我同意了每月分期付款，但這金額其實已經讓我們年輕小家庭的預算捉襟見肘。要是當時我能暫停，肯定會重新考慮此事。我會給自己空間好好想清楚，然後拒絕，就不會在接下來十年為了讓我花的錢回本，每次使用吸塵器都在心裡咒罵。

驢子的暫停會讓他人很懊惱。然而，有智慧的夥伴會等到驢子認定前進是安全、聰明或有利的時候。

暫停需要勇氣。當聽從自己的直覺時，它往往會警告你前方有危險，或者提醒你注意不值得信任的人，或是警示某樁生意好像不對勁。它給你反思的餘地，讓你懷著感恩的心繼續前行，或是權衡你的價值觀。暫停讓你敏銳意識到自己的存在，帶給你空間與時間的禮物——這麼一來，你就能在採取下一步之前做出最好的決定。溫馨提醒：這種反應有時會讓周遭那些希望你快點同意他們的人感到氣餒，在這個過程中，你可能會被說是「頑固」。唉，這是我們驢子得承受的重擔。

但千萬記得，你並不頑固，而是**決心**要以正直和榮譽的方式活著。有時候你得暫停。

在中途暫停，才能找到能為良好決策奠定基礎的價值觀。

在你有片刻、一天或一週的時間好好思考之後，你要做的絕大多數決定仍舊會在那裡等你。

深入挖掘

★何不暫停：

- 一段感覺不對勁的戀情？
- 你忙碌的行程，騰出時間重新安排？
- 被迫做出違背你更好判斷的決定？
- 發推文或送出下一封電子郵件、簡訊？

★寫下暫停如何能為你當前的狀況帶來正向影響？

★給自己時間和空間想清楚，會是什麼樣子？告訴別人「讓我想一想再決定」會帶來什麼樣的傷害？記錄下可能會有的感受。

★在繼續前進之前，你什麼時候要騰出特定時間進行反思？你得在日常工作中做哪些調整，才能實現這件事？

日期：

You are created
to be a caretaker
of the gold
in the wild lands
of freedom.

你生來是要守護埋在自由野地下的黃金。

第 10 章

協助

Assist

阿爾法和貝托排成一列，努力爬上地勢凶險的山坡，領頭的是阿爾法。貝托甩動長耳，眼睛直盯著阿爾法的後腳，小心翼翼地穿越濃密的灌木叢，這些灌木叢幾乎遮蔽了一路向上通往叢林的泥濘小路。

「你們做得到的！」

名叫路易斯．索里亞諾的男人領著阿爾法，大聲鼓舞這兩頭驢子，牠們載著珍貴的貨物已經一連走了好幾個小時。他們就快抵達目的地：哥倫比亞山區的一座偏遠村莊。阿爾法和貝托是「驢子圖書館」的運送者，協助路易斯把許多圖書帶給住在這座小村落的孩童。❶

路易斯在哥倫比亞拉格洛里亞小鎮長大，是個老師，熱中於把書籍帶給孩子。一份英國報紙報導他的故事時，他這麼說：「孩子（總是）很興奮，因為我們的到來代表著充滿色彩、王子與公主、情感的一天。我們想做的，就是建立一座充滿想像力的實驗室。」

小時候，路易斯透過閱讀，發現了村莊之外的整個世界，這使他決定攻讀西班牙文學。身為小學老師，他知道孩子有機會接觸書籍是多麼重要。他認為，教育是這個年代的孩子能有所進展的唯一出路，否則只能任由當地民兵與販毒集團擺布，這些組織會坑害未受教育的村民。為了對抗這些威脅，他開始運用自己的藏書打造一座小型圖書館，四處分享。他將原本挑水用的鞍袋改造成「圖書館風格」的書籍陳列架，書背朝外擺放，並在兩隻驢子的協助下，出發前往幾個小時以外的一個村莊。路易斯像名人一樣受到歡迎。如今他擁有數千本藏書，存放於二〇〇〇年在拉格洛里亞地區啟用的首座圖書館中。❷路易斯親自挑選他認為孩子會最喜歡的書籍，而且總是帶著幾本他可以朗讀給孩子聽的精選故事書。孩童會靠過來聽他的朗讀，他會鼓勵孩子學著閱讀他留給他們的書。

在爬山過程中，路易斯看見貝托的鞍袋鬆脫，失去了平衡。書籍的重量一直將鞍袋向後拉，此時地面趨於平坦，貝托掙扎著想要站穩腳步。路易斯把鞍袋推回原位，並勒緊皮帶。他調整了書本位置，讓它們的重量分配得更平均，接著檢查貝托的身體，看看馱具是否讓牠擦破皮。然後他轉向阿爾法，確定牠只是需要將鞍袋往前調整，就可以繼續上路了。

過去二十五年來，路易斯不斷改進鞍袋，讓自己能騎在驢背上行過茂密叢林、越過陡峭峽谷、走過可以想見的最艱險小徑。這兩頭驢子一直是他的好夥伴，做著牠們最拿手的事——承擔和分擔重負。

驢子是為服務**而生的**。協助是牠們的遊戲，牠們的愛好，牠們的喜悅。牠們體型小、精實的身材能靈活駕馭崎嶇的地形，並在沿途的險路上穩步前進。牠們能承受重擔，並維持能長途跋涉的配速。

我們有時會忘記自己也是為服務而生的。我們往往過於專注在成為「贏在起跑點的人」，或是把所有精力全放在讓自己忙得不可開交的工作上，結果其實並沒有做那些能給這個世界帶來最大益處的事，或者最終可以帶給自己最多成就感的事。事實上，我們是為服務他人**而生的**，當我們分擔團隊工作，不讓任何人負擔過重時，工作的成果才會最好。有時，這些重負必須稍加轉移、調整裝備、評估任務，才能達到最有生產力和效果的狀態。

承擔、分擔、轉移重負。扮演服務性動物讓我們展現出最好的一面，幫助這個世界在我們的努力下蓬勃發展。

承擔重負

做一頭服務性動物。

別怕為別人承擔重負。

你是為服務**而生的**。驢子的四條腿結實，重心又低，獨特的身體構造讓牠們能承載重物，很適合背負行囊、拉車或拖犁。驢子在公元前三〇〇〇年左右被馴化，推動人類商業與貿易的發展。牠們能在艱困的條件下長途跋涉，使著名的絲綢之路等路線變得可行。

目前全世界約有四千兩百萬頭役用驢子，支持著超過兩億五千萬人的生計。❸驢子在農業、運輸、貿易和工業工作上扮演關鍵的角色，這也唯有驢子才能提供這樣的服務。

當你考慮做個「服務性動物」時，重要的是要牢記：唯有你能以只有自己做得到的方式，去承擔**你**命定的工作。當帶著想法、熱情和技能，專注在**你**能滿足的需求上時，神奇的事就會發生。

桑達克．魯特醫師就是這麼做的。他出生在尼泊爾偏鄉的一個窮困家庭，村裡沒有學校。❹他的父親受過教育，安排他學習基礎尼泊爾語、英語和數學，他的學業成績很出色。七歲時，桑達克的父親把他送進大吉嶺一所耶穌會寄宿學校，離家將近一百六十公里遠。完成早期教育後，桑達克接著上中學，然後在兩所印度的醫學院完成眼科專科教育。身為訓練有素的眼科外科醫師，他本來可以在美國或其他地方從事報酬優渥的工作，但他認為無論患者能否負擔得起，所有人理應享有視力這份恩賜，因此開始為尼泊爾最貧困的人群服務。他改善一種無縫線手術技巧，為病患移除白內障後，用他在自己實驗室生產的人工水晶體取而代之。迄今為止，他已經進行超過十八萬例手術，讓失明而無法工作、無法為自己家庭與社區的福祉貢獻心力的病患重見光明，也重拾有所作為的生活。桑達克全心致力於服務最貧窮的社區，為這些居民提供人生的第二次機會。

和桑達克的例子同樣令人驚喜的是，承擔為人服務的重負並不一定是全職工作的一部分，也未必要附屬於某家公司或企業，或是變成非營利組織。你可以用自己的時間，以自己的方式——運用你擁有的天賦、資源和能力去執行它。找出適合你的特定需求，然後承擔它。

我想到女兒梅根，她是幼兒音樂的專家，以實惠的價格為學齡前兒童提供線上音樂教育課程。❺她在自家客廳經營的小型公司華麗奏音樂（Flourish Music），是自己熱愛教學的產物。梅根擁有的獨特技能就讓她可以向孩子與家長傳達自己熱中的事物。

還有在社群媒體上以 @citygirlinnature 這個名號闖蕩的葵希亞（Kwesia）。❻身為在倫敦東南部貧民窟長大的年輕有色人種女子，她懷抱著對大自然的熱情，著手透過「Twitter、YouTube 和親自考察，向其他城市孩子介紹野外活動。她運用自己獨特的風格和能力，將大自然帶給有需要的人。

服務他人的方式無窮無盡。因此，挺起你的肩膀，問問自己：「**我**是為哪種服務而生？」你獨特的技能和興趣讓你可以將貨物、服務和協助傳送給自己的群體和這個世界。

深入挖掘

★何不探索如何運用自己獨特的技能服務他人？哪些服務形式最適合你呢？

★為你的客戶和消費者提供良好的服務看起來會是什麼樣子呢？如果有人付不起或無法使用你的服務，怎麼辦？

★ 你什麼時候要開始提供服務？和自己進行腦力激盪，探究可能的服務方式。你會在行事曆上的哪一天安排這項練習？當開始探索時，寫下你找到的各種可能性。

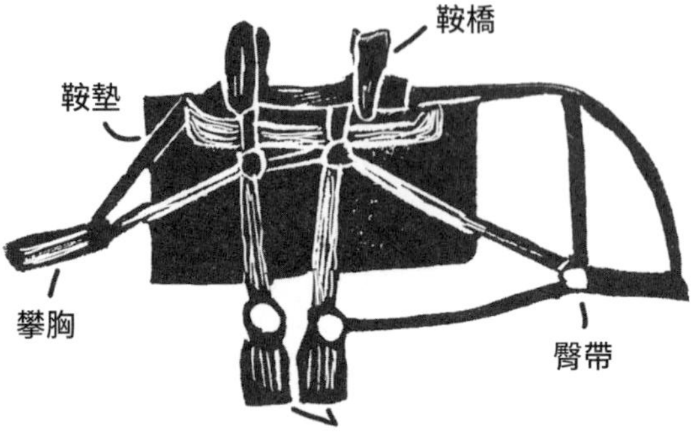

轉移重負

有效的工作有賴良好的系統。

不合適的馱具和不平衡的負重，會妨礙你的服務能力。

當你有適當的裝備可以承受負重時，就能服務更長時間、載運更多重量，並且行走更遠的路程。

一項工作變得太過困難，有時問題不在於工作太繁重，而是需要調整系統才能處理它。一旦事情發生轉變，也找到正確的流程，往往就能更高效地完成工作。

驢子具備不同凡響的耐力與力氣，可是人類經常把不適合眼前工作的裝備放在牠們身上。接著期望牠們能拉動或載運超載的重量，使牠們被帶子或拖車帶擦傷或磨破皮。有時候，裝備還可能是設計給完全不同的動物，或是驢子主人東拼西湊而成，而且馬車不平衡的重量會給驢子的背部或肩膀帶來不必要的壓力，造成疼痛的瘡口。

這正是驢子最大的資產——韌性和決心——會對牠不利的地方。你瞧，驢子（就像我認識的某些人）無比堅忍。牠們鮮少抱怨，也不會表現出自己承受了多少壓力。牠們不喊痛、不說累，只是持續工作、努力服務……同時間有更多重擔不斷往牠們身上堆，直到牠們因病或過度勞累而瘸了。

我的朋友，這聽來像你嗎？

轉移重負就是：認識自己的痛點在哪裡，並找出緩解的辦法。當承擔起服務他人的責任時，最初的喜悅往往能伴你度過前三個月。然而，時間一久，你可能會倦怠，為你試圖滿足的需求所苦，過著不平衡、也難以持續下去的生活。而且可能會被並非為你設計的不適當系統或工作流程弄得遍體鱗傷。

驢子經常需要旁人介入幫忙。布魯克（Brooke）是家非營利組織，致力於協助世界各地的驢子、役用馬及其主人。❼它的主要工作之一是傳授如何正確使用挽具，並提供平價鞍轡，讓驢子能在不必承受痛苦之下有效工作。這項工作帶來許多正面成果：不僅驢子能有更好的工作結構，也為主人帶來更高的經濟收益。一頭沒有病痛的健康驢子使用正確馱具載運適當的負重，更能維持依賴牠們維生者的生計。

在新冠疫情期間，企業和組織必須調整服務顧客的方式，因應正在發生的變化。當中有許多企業和組織經歷了無法實體買賣、服務或工作的痛苦，因而轉向線上策略，讓它們在人們無法實際到場的狀況下，也能繼續保持營運。它們透過改變運作系統、轉移工作負荷，以及尋找改變「推進工作」的方法，專注於創造平衡的負載。對許多企業和組織來說，結果帶來了創新——打破框架的思維和推動它們前進的新策略。

在你的工作生活中可以做哪些調整，以免某一方面的負擔過大？什麼讓你傷痕累累，而不是給你力量？弄清楚自己的工作如何以特定方式服務眾人，有助於你有動力做出調整，進而創造出可持續的努力。

深入挖掘

★如果透過你的工作服務他人似乎太辛苦或太費力，何不審視一下自己的痛點，想想是否能做調整？就從這裡開始認清它們。

★改變你的工作流程看起來會是什麼樣子呢？不痛苦的工作量會是什麼感覺呢？

★你什麼時候要評估自己的服務系統，並且為了能持續努力而做出適當的改變呢？在此定出日期：＿＿＿＿

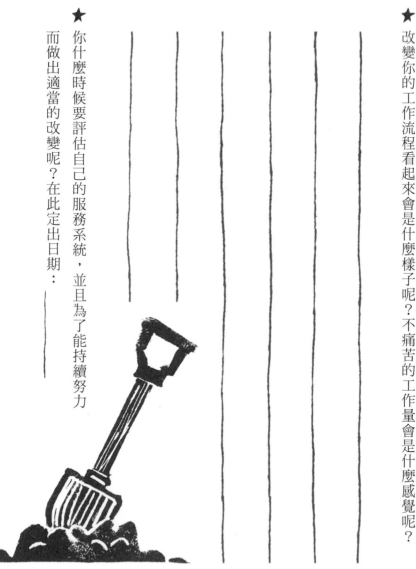

分擔重負

你需要夥伴幫忙分擔工作。

允許自己尋求幫助。

也允許自己**接受**幫助。

阿爾法和貝托這兩隻哥倫比亞驢子圖書館的館員，是努力服務偏鄉兒童的好夥伴。牠們聯手為渴望的孩子載運的書籍數量，是單獨一頭驢子的兩倍。牠們一同工作，在路途艱險時互相陪伴，鼓勵彼此完成使命。身為社會性動物，牠們在協助路易斯的任務上表現出色，而且樂於分擔重負，令村裡的孩子獲益匪淺，使教育和成長的可能性翻倍。

人很容易認為自己夠機智靈活，有能力獨自完成召喚自己或夢想要做的任務。畢竟，讓別人出手幫忙可能讓我們得放棄控制權，還必須花時間教對方怎麼做。但無論你努力的目標是什麼，分擔重負對於工作可以長期持續下去至關重要。單打獨鬥，你能做得有限。當你找人幫忙扛起重擔、拉動馬車或實現某個目標時，努力的重量就會被分散，這樣就不會壓垮任何人。

你內心堅忍的驢子有時甚至沒有意識到自己承受的負擔有多沉重。你習慣了不舒服、有太多事要做、沒有足夠的時間休息和充電。這甚至是某種榮譽勳章。但是讓我們面對現實吧，驢子很容易被利用，而且經常遭虐待，這都是因為牠們毫無怨言地堅持不懈。

然而，透過照顧、自己的職業、事業、慈善工作或職務來服務他人，並不代表你得在過程中喪命。奉獻自己應該帶來滿足和喜悅，畢竟這就是人生來的目的！

讓他人與你並肩作戰，或從旁協助別人共同承擔**他們的**負擔，總是能讓你獲益良多。分擔重負可能看起來像是重新思考工作職責、分配任務、授權，或者只是學習如何充分溝通。這可能看起來像是找個能與你合作的醫師，一同應對你面臨的心理健康或身體的難題。這可能看起來像是照顧朋友的孩子，讓**她**有一段完整的時間能工作或休息。這可能是雇用技術幫手，協助啟用新網站。重點是，沒有人應該單打獨鬥。精力充沛的雙腿、強壯的肩膀和協力合作讓任何任務感覺不那麼繁重，也更有成就感。

當分擔重負時，你的努力可以為自己服務的人帶來倍速增長的成果。美國舊西部的淘金者利用「驢子列車」將一袋又一袋的黃金運出深山——讓每一趟旅程的產量加倍。共同努力就是為了這世界的福祉生產更多財富。這有時被稱為「擴大規模」（scaling up），這個商業概念指的是運用協作、分享、經營人脈、自動化和系統化，發展並滿足顧客或客戶的需求。無論你代表的是想要產生影響的企業或個人，擴大規模只是意味著找到其他驢子，準備正確的「挽具」或系統，然後每個人齊心協力，創造變革。

你是為服務而生的：協助他人是你的遊戲、你的愛好、你的喜悅。

深入挖掘

★說到你的工作，何不將分擔視為「擴大規模」呢？當**別人**擴大規模時，何不挺身而出，分擔他們的重負呢？你可以為誰這麼做？

★尋求協助需要什麼?要怎麼做才能分攤工作,成就最大影響?

★你什麼時候要停止像獨行俠一樣思考，然後把自己的工作當成為了更大利益著想的共同努力？總的來說，什麼會讓你最滿意？

Stepping into our roles
as service animals
brings out the best in us
and helps the world
flourish in our wake.

扮演服務性動物讓我們展現出最好的一面，
幫助這個世界在我們的努力下蓬勃發展。

第 11 章

睡眠與玩樂

Asleep & Aswirl

一陣蹄聲打破這個德州早晨的寧靜，打斷了我的思緒。我坐在牧場圍欄外的雪松樹下，小餐桌上放著筆記型電腦和記事本，旁邊還有一杯熱氣騰騰的咖啡。我思索著本書的最後一章，想決定該以哪頭文學中的或知名的驢子做為壓軸。我的腦中浮現出這些競爭者：胡安．拉蒙．希梅內斯的諾貝爾得獎作品《小毛驢與我》的主角小普；因小熊維尼而聞名的屹耳；維多利亞女王鍾愛的拉車驢賈克；或是喬治．歐威爾的《動物農莊》裡的班哲明？還是莎士比亞的《仲夏夜之夢》中的波頓？傷腦筋，有這麼多可以選擇。

循著蹄聲，我的注意力轉向牧場的另一頭，我的兩頭驢子正玩得不亦樂乎。深棕色的迷你驢亨利正在追逐體型較大的玩伴閃電，啃咬對方的腳跟。牠們忽東忽西，飛奔過滿是塵土的地面，我幾乎能聽見閃電試圖躲避敏捷的朋友逗弄時，喃喃自語地說著：「左閃、右躲、左閃、右躲。」

閃電突然打滑，耳朵向後俯倒，最後停了下來，轉身面向亨利，亨利猛地急剎，雙眼睜得老大，努力「倒退嚕」。閃電咬住亨利的鬃毛，亨利甩開牠，轉身用後腳踢向閃電厚實的胸膛。現在輪到閃電追趕，亨利用小短腿支撐著胖嘟嘟的身軀，以最快的速度跑開。牠朝穀倉奔去，用嘴叼起一個黑色橡膠餵食盆，把它舉得高高的，正好讓閃電能咬住它的另一頭，兩頭驢子就玩起了拔河遊戲。從地面揚起的塵土瀰漫在空中，讓牠們的嬉戲在晨光中散發一種童話般的光輝。閃電累了，牠把盆子讓給亨利，同時點了個頭，彷彿是說：「兄弟，你贏了。」亨利小跑步來到外面的草地上，那個盆子還蓋在牠臉上，閃電低聲嘶鳴，彷彿對寶裡寶氣的玩伴輕聲偷笑。

我看著兩頭驢子每天都用這樣的打鬧迎接早晨的時候，咖啡已經沒那麼燙口，可以啜飲了。玩耍是牠們認真以對的事，是「發洩精力」的機會，如同我以前在孩子坐不住或難以專心時，對他們說的那樣。在院子裡迅速玩一局「模仿領袖」遊戲，或者在房子四周追逐，通常正是我的孩子自我調節其態度和聆聽能力所需要的。一場撓癢癢大戰會引發成串的笑聲響起，所有人全都笑倒在地板上。我看著這兩頭驢子，牠們都已經成年，現在肯定有十四或十五歲了，但牠們竟然玩得跟少年一樣瘋。我忍不住笑著搖了搖頭，繼續回到筆記上。

到了中午，太陽高掛在天空，這兩頭馬科動物一整個早上吃草吃得肚子飽飽的，牠們回到自己鍾愛的樹下歇息處，擺出午睡姿勢：耳朵朝後貼在垂下的頭顱上，一條後腿歇息著，下唇低垂著。這正是你在墨西哥驢子小瓷偶身上能看見的經典姿勢。閃電雙眼緊閉，尾巴懶洋洋地揮趕著蒼蠅，牠最愛的遮蔭樹在穀倉附近。亨利則喜歡按照自己的心情挑選不同的樹。

這兩頭驢子的日子充滿遊戲和休息，帶著一種歡樂的節奏。牠們從來不覺得無聊，似乎總能享受周遭事物。這個基礎讓牠們樂於接受新技能，也能專注在白天發生的任何事物上。牠們過著相對悠閒的生活，只有內在的生理時鐘告訴牠們該做些什麼或如何規範自己的活動。這充分展現了驢子自然而然會做的事。

工作、休息、玩耍、享受快樂。

對驢子有利的事，對每種生物也都好，包括人類在內。過度專注在工作和生產力上或許能帶來短期利益——在那一刻感覺很棒的立即滿足和快速致勝。但若要產生長遠的影響，就得重新思考這種策略，才能維持全心全意且健康的生活。在耗用能量和定期補充能量之間必定有個平衡點，我們不可能無限期地硬撐。人在一生中若能以可持續下去的方式生活，包括照顧自己的身心和情感需求，才能成就更多事。

為了打造一種能維持有意義工作和影響他人的生活，你必須找出方法納入充分的休息和玩樂，快樂才會油然而生。

休息

缺少適當的休息，人就無法活下去。

休息是沒有商量餘地的。

休息是其他一切的基礎。

我母親為了化解青春期的我因擔憂而皺眉時，總會這麼說：「到了早上，一切都會好起來的。」她知道我為友誼破裂或對即將到來的考試感到焦慮，就會在溫柔地幫我蓋好被子時，引用這句古老的俗語（電影《與森林共舞》中的毛克利也這麼說）。「睡一覺再說」（sleep on it，注：這句片語的意思是「晚一點再決定」）的古老智慧有現代科學研究的支持。經過一整晚的睡眠，身體和大腦會得到休息和修復，可以恢復它們處理情緒的能力，也增強我們解決問題的能力。看來做母親的確實最清楚。

《為什麼要睡覺？》一書作者馬修・沃克引用企業家E・約瑟夫・科斯曼的話：「在絕望和希望之間的最佳橋梁就是一夜好眠。」[1]

在這個每一分鐘都被用來盡力滿足所有活動或義務的年代，休息就像是一件可以換取生產力提升的商品。你會想：**「我可以拿一小時的睡眠換得一小時的工作或娛樂。」**然而，這樣的心態會損害身心健康、創造力，甚至是壽命。睡眠不足和心血管疾病、癌症、高血壓、阿茲海默症、認知能力下降，以及壽命減短等等問題息息相關。[2]

休息讓我們完成更多事情，也有能力就如何面對自己的生活、工作、服務他人做出更好的決定。

閃電和亨利的生理時鐘讓牠們在困倦時就去睡覺。牠們本能地知道自己的身體需要多少休息，而且大白天小睡也不會有一絲愧疚感。牠們白天固定在樹蔭下打盹，補充了晚上在穀倉裡的睡眠。人類就像大多數生物一樣，也能從午睡中得到好處。研究顯示，十到二十分鐘的小睡對於改善昏昏欲睡、增強學習與記憶、調節情緒的效果最佳。持續一小時的小睡具有額外的恢復效益，包括大幅改善認知功能。如果你需要進一步佐證，著名的午睡愛好人士包括：亞里斯多德、達文西、愛迪生、愛因斯坦、達利、柴契爾夫人、演員摩根・費里曼、前美國總統雷根與柯林頓等等。❸

想叛逆嗎？想抵抗拉著你走向生活失衡的浪潮嗎？拿回個人自主權的最有力方法就是過著放鬆的生活。放鬆的生活是優先滿足充足睡眠、固定午睡，以及花時間獨處（最好是在大自然中）。留意自己的生理時鐘，就能重拾你對自我的感受並改善健康。滿足你所需的休息，就能為長遠的體力和滿足感提供良好的基礎。

深入挖掘

★如果你老是覺得精力、專注力和認知能力不足，何不將更多休息納入生活中？讓你跳過休息的理由是什麼？

★ 對你來說，放鬆的生活看起來是什麼樣子呢？

★ 你今晚幾點會上床睡覺？何時會醒來？

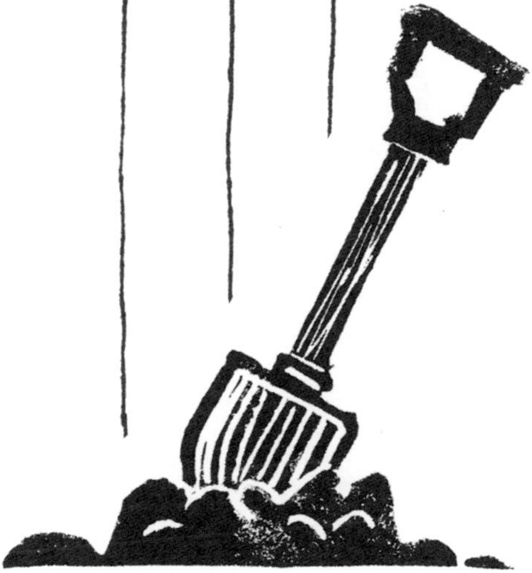

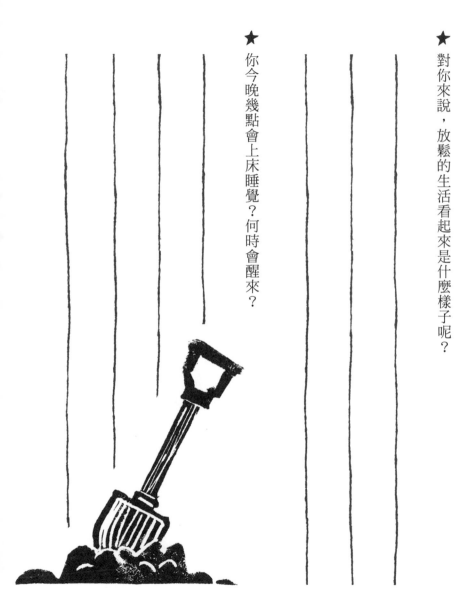

玩樂

玩樂是活出成功、持久生活的祕方。

玩樂會讓人產生好奇心和驚奇。它使我們的心住在想像和可能性的國度。

對驢子來說，少了玩樂，一天就不算完整。

幸運三牧場（Lucky Three Ranch）的創始人，也是全球知名的驢騾訓練師梅瑞迪斯．哈吉思說：「玩樂是如此重要，甚至應該融入驢子的訓練和工作當中。如果工作和玩樂之間缺少良好的平衡，發展就不會完整。」[4]她強調樂趣在學習和成長中扮演著不可或缺的角色。玩樂讓驢子變得開心又健康，這樣才能抱持開放和好奇的態度應對新環境。

談到活潑愛玩樂，我忍不住想到電影《史瑞克》裡的驢子，牠總是熱切地想為任何情境增添樂趣。在牠提議自己可以留下來陪好心腸卻遭到誤解的怪物史瑞克後，驢子等不及要好好消磨這一夜。

「我們可以熬夜，交換有男子氣概的故事，到了早上，**我來做鬆餅！**」牠咧嘴而笑，露出大暴牙，展現最有魅力的表情。

驢子似乎明白鬧著玩的重要性，即使風險很高。牠的風趣態度讓牠看見別人身上最好的一面，並找出方法發揮自己的潛能。

嬉鬧不只是驢子和兒童的專利，也適用於你我所有人。

在生活中納入更多玩樂，就是為能夠帶來欣喜與驚嘆的事物騰出時間，選擇讓我們充滿好奇與創造力的活動。對於生產力導向的個人或組織來說，玩樂可能感覺像是一種無聊的奢侈，但是研究顯示，玩樂的機會創造出一種鼓舞個人成長、解決問題和全面滿足的氛圍。❺

你會問：「該選哪種玩樂好？」只要你選擇的活動能帶給自己快樂和自由的感受，什麼都可以。無論是騎腳踏車、跑馬拉松、織毛衣、照顧室內植物、參觀博物館或聽音樂——這份清單無窮無盡。玩樂應該要能激發你的興趣並動用到五感。

我兒子格雷森教會我許多關於玩樂的價值。他是一名工程師，在嚴謹的科學導向產業中努力工作，不過他很懂遠離實驗室，徜徉在大自然中的威力。他經常健行、登山、只是為了好玩而露營。他發現，這能讓頭腦清醒，等回到工作上，可以帶給他專注的精力。

加州卡梅爾谷的國家玩樂學院（National Institute for Play）創辦人史都華·布朗醫師同時也是精神科醫師、作家，他說：「人類生來就是要玩耍，而且在玩耍中成長。」他接著說道：「記得玩耍的真義，並把它變成日常生活的一部分，也許是成為一個充實滿足的人最重要的因素。玩樂的能力之所以重要，不只是因為它帶來快樂，也因為它可以維繫社交關係，讓人變得有創意、能創新。」❻

美國心理科學學會告訴我們：「研究找到證據證明，**工作中**的玩樂與減少工作者的疲乏、無聊、壓力和過勞息息相關。玩樂也與工作滿意度、勝任感，以及創造力呈正相關。」❼

讓自己有能力玩樂。把它看成活出你**最美好**人生的一項重要元素。玩樂提醒你，生活中有比達成目標更重要的事，那就是過程中的好奇心與創造力。玩樂能加深自己的認同感，讓你結識一群志趣相投的人，並且**在**工作時增強你的能力，讓你更努力、更聰明地工作。

玩樂就像水、食物、休息和社群，是活出驢子法則沒有商量餘地的一部分。玩樂開啟了快樂的大門。

深入挖掘

★何不在生活中加入玩樂的時間？如果你的第一個念頭是**「我沒有那種美國時間！」**，請在此列出你的理由。接著自問這些理由是真或假。

★ 你會怎麼度過一個空閒的下午？單純為有趣的事物騰出一段時間會怎樣？

★ 你會在本週什麼時候安排玩樂？你有一起享受玩樂的同伴嗎？

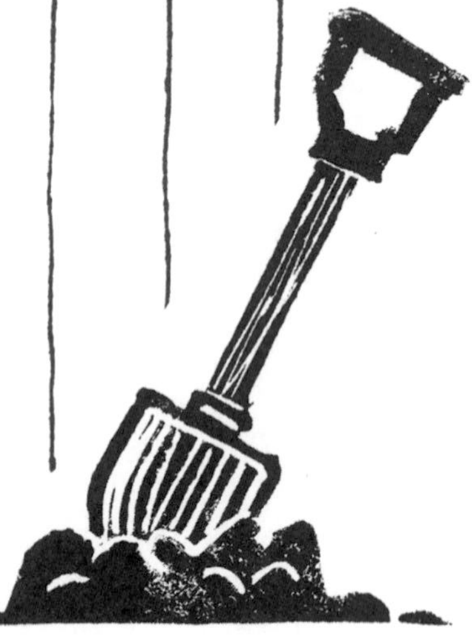

快樂

擁抱內心的驢子會帶來快樂。

這是因為當你擁抱內心的驢子時，會發現自己命定的有意義工作，而且會做得有聲有色。這就是驢子法則。

真正的快樂不在於獲得什麼，而是追求美好、長遠的生活，其中包括服務他人、表達感謝，以及發揮自己的優勢。真正的快樂是珍視社群，承認讓你走到現階段的過去，並且堅持對未來的願景。鮑伯・戈夫在他的著作《心無二想》（*Undistracted*）中簡明扼要地指出：「找出你的使命，就能體會到更多快樂。這道數學題很簡單。」❽

快樂的生活並不懼怕艱苦的工作或困難，而是認清，當外在與內在的自我相符時，我們才能以誠信和樂觀的態度迎接挑戰。也就是當明白**內在的真我**值得被體現於外在世界時，我們才會活得快樂。

當我們不再偽裝自己，而是成為最真實的自己時，快樂就會到來。

我想起C．S．路易斯的《納尼亞傳奇：最後的戰役》中那頭驢子迷糊。迷糊被別人說服，披上一張獅皮，偽裝自己不是驢子，藉此愚弄旁人。扮演這個角色讓牠很不開心，卻在表演的壓力下覺得自己無力改變現狀。當牠終於鼓起勇氣脫掉偽裝的表面形象，神奇的事發生了。

「你們看！」姬兒突然說。有人怯生生地前來迎接他們，那是一頭有四隻腳的優雅生物，全身銀灰。他們全盯著牠看了整整十秒鐘，接著有五、六個聲音同時說道：「啊，是老迷糊！」他們從來沒有在白天看過牠脫下獅皮的模樣，這帶來意想不到的差異。現在牠是牠自己了：一頭漂亮的驢子，穿著一身柔順的灰色毛皮，頂著一張忠厚和藹的臉。如果你見到牠，肯定會跟姬兒和露西一樣——衝上前用雙臂摟住牠的脖子，親吻牠的鼻子，撫摸牠的耳朵。❾

做自己的迷糊變漂亮了。牠剛剛獲得的柔軟和誠實立刻引發別人對牠的愛與接納，這種重大變化反映出牠接受了自己真實身分的轉變。唯有當牠意識到自己可以做**原本已經是**的那頭驢子，才發現一直渴望融入的那個世界向牠敞開大門了。

噢，真是出乎意料之外。這實在太棒了。

當我們選擇停止競相爭取關注、權力、聲望和成功，轉而選擇有意義的連結和謙卑服事的生活型態時，有些令人驚喜的事就會開始發生。我們離開使人筋疲力竭、無休止的賽道，並走進自己創造的冒險中。我們找到勇氣，在崎嶇地形上開闢出一條道路，挖掘出深藏在內心的豐富金礦。事實證明，成功並不是頒發給跑得最快的純種馬的獎盃，而是一整座美麗的寶庫，由不被看好卻勇敢的驢子用活出最美好的生活，傳達給這世界。

這就是你。

你就是為此而生的。

你值得擁有生活提供的一切美好。

盡情享受吧！反抗從來就不適合你的體制。

讓你內心的驢子自由奔馳，跑進前方難忘的、非凡的、全然快樂的冒險中。

深入挖掘

★如果快樂不是你生活的特徵，為什麼不是呢？何不重讀本書，在那些會為你的生活帶來更多快樂的篇章做記號，並在此列出一份清單呢？

★ 終於擁抱你內心的驢子會是什麼樣子？

★ 你什麼時候要離開競逐的賽道，開闢自己的冒險之路？為你夢想的目標、構想和有意義的工作定出一份長程的行事曆！為開始投入的日期許下承諾，從________起。

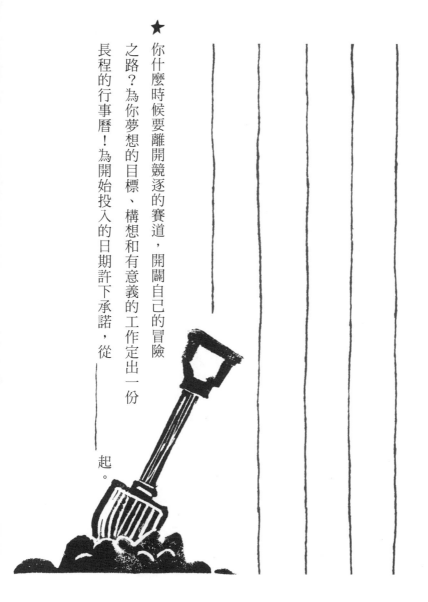

當擁抱內心的驢子時，

就能找到自己注定要去做的有意義工作，

而且能在其中茁壯成長。*

結語
星號 Asterisk

啊，總會有某個地方寫著一些小字，不是嗎？你知道的，星號後面的小字陳述了所有免責聲明，例如：

個別結果可能會有所不同。

與其他動物法則沒有任何關聯，比如斑馬、羊駝、水獺。

任何驢子表達的觀點，無論是真實或虛構，都不代表作者立場。

至於本書，我的免責聲明是：*

＊擁抱你內心的驢子可能會讓人突然對吃草、擺動耳朵，以及在泥土中打滾產生興趣。對於忽然有嘶鳴的衝動或邊笑邊噴鼻息概不負責。所有提及「驢群」的內容純屬隱喻，不代表你選擇與之為伍的人。在社群媒體上不斷搜尋驢子的照片是正常的，無須尋求醫療或心理諮商的介入。

玩笑歸玩笑，最後我確實想就「如何找到你生來要做的有意義工作，並在其中蓬勃發展」說幾句話。

當初我撰寫本書的初稿時，編輯鼓勵我用一套架構來組織各個章節，讓讀者更容易理解。試過幾種不同的點子之後，我想出了GOLD這個首字母縮略字。它完美貼合本書的主題，也讓章節內容能以連貫的方式鋪陳。

G：允許自己（Give Yourself Permission）

O：擁有你的故事（Own Your Story）

L：發揮你的獨特優勢（Lean In to Your Unique Strengths）

D：達成任務（Deliver Your Work）

此外，還發生了一件值得分享的事。在寫作的幾個月裡，我回顧了自己過去完成的工作：閱讀塞在抽屜裡被遺忘已久的日誌、筆電裡的研討會筆記，以及隨身碟中的 PowerPoint 簡報。許多紀錄來自我在信仰型組織中的工作，還有一些則是我在企業活動中的談話。我看著以前指導客戶的紀錄，甚至想起這些年來我創作的藝術作品。

沒想到從中浮現出令我驚訝的模式：個人成長與變化的 GOLD 架構竟然貫穿了一**切**！

更意外的是：等到需要為本書組織章節時才意識到，我**早就**為自己的書建立起一套架構了。

讓我吃驚得停下手中工作的，是發現過去十年來**它始終都在那裡**，像指南針般指引著我的工作。但直到我為這種「轉變哲學」命名後，才看見多年來塑造自己工作理念的輪廓。

這就像挖掘一條金礦礦脈。噢，我一路上都在撿拾金塊，那是附近有礦藏的線索。沒想到，我突然間找到了主礦脈，能持續大幅改變自己的生活與工作。因此，我要感謝各位讀者。在為你們準備這件作品的過程中，反而是**我**領受了意想不到的恩典。

當你展開旅程，擁抱自己內心的驢子時——這個部分的你樂於去做轉型的嘗試，這樣就能創造自己喜愛的那種生活與工作——我祈禱你會找到**屬於你的**GOLD，那是一直存在你心中的智慧寶藏。你的生命故事中蘊藏著豐厚的珍寶，就像埋在山中靜待開採的金礦，它是透過你的經歷、困境和挑戰累積鑄就的，也在你遭遇的悲劇和勝利中被淬鍊出來。

沒有人能從你手中奪走它，可是你必須為自己爭取權利。

我相信你被賦予充滿智慧的礦藏，開創自己道路的本領，以及助你完成艱巨任務的韌性，因而可以挖掘出自己的黃金，造福這個世界。這是你的「神的形象」（Imago Dei），身為按照神的形象受造的人類，神性火花能為你的生活增光。

所以請著手：

允許自己：問問題，渴望成為最真實、最勇敢，以及最美好的自己。

擁有你的故事：你的過去、你的現在、和你同一掛的夥伴。誠實面對你的假設，以及它們如何以意想不到的方式影響自己的行為。對你的願景、聲音，以及價值觀負責。

發揮你的獨特優勢：組建你的團隊，記住你的資產，讓世界驚奇。

達成任務：以只有你做得到的特殊方式為他人服務。選擇適合你的配速，建立使服務有意義且可持續的系統。騰出時間休息、玩耍，還有最重要的——快樂。

這個世界需要的是少一點賽馬和多一些驢子。少一些絢麗，多幾分實質內涵。服務勝過表演。產生具體影響，而不僅僅是娛樂。

這個世界需要**你**。

它需要**你**為它帶來的事物。

而你注定要長長久久過得好。

延伸討論

前言　擁抱內心的驢子

1. 你是否曾和一群與自己有明顯社會差異的人相處時，覺得不安脆弱嗎？你認為自己是個「無所歸屬的異類」嗎？

第1章：提問 Ask

1. 你小時候很好奇嗎？有人鼓勵你保持好奇心嗎？是父母？還是老師？你認為為什麼很多人成年後會失去好奇心？

2.「有何不可呢？」這個問題讓你害怕，還是激起你內心的冒險精神？

3. 瑪格莉特・奈特的故事是否讓你想到生活中被自己擱置的可能性？

4.「那會是什麼樣子呢？」異想天開的夢想未必很大，也不必改變世界。排在你的清單前幾名的小小個人夢想是什麼？為什麼它對你很重要？

5. 你是日程制定者，還是日程破壞者？你覺得日程安排是限制，還是解放？人可能會有過多的彈性嗎？

第 2 章：渴望　Aspire

1. 你聽過喬治・華盛頓和西班牙國王卡洛斯三世的故事嗎？你對華盛頓的請求感到驚訝嗎？

2. 你是否為了自己的價值而苦苦掙扎？「外在的你」和「內在的你」有何不同？哪一個往往會讓另一個相形見絀？

3. 本書建議了一份個人可能擅長的角色清單，以「做個好＿＿＿＿」開頭。你會在空白處填上什麼？你曾經以自己在某件事的優異表現，讓自己或他人感到驚訝嗎？

4. 「勇敢要求我們信任」，這對你來說很難嗎？什麼可以幫助你克服這種掙扎？

第3章：賦予榮耀 Ascribe Honor

1. 你相信自己有一個神聖的故事要說嗎？你想與誰分享它？

2. 本書鼓勵每位讀者透過私人儀式「紀念過去」。你想納入哪個重要細節？

3. 「全心在當下」這對你來說意味著什麼？

4. 你認為誰是「你的人」？你為什麼給他們這個稱號？你是否經歷過「自己人」以某種特殊方式受到敬重？

第4章：假設 Assume

1. 在開始閱讀本書之前，你對驢子有過假設嗎？
2. 你是否曾陷入瑞秋面臨的那種尷尬處境，但幸好你在真正大聲說出任何話之前，就意識到自己對某人的看法大錯特錯？
3. 你或你認識的人是否在情急之下發現了未開發的能力？
4. 你認為自己是個富有同理心和慈悲的人嗎？你如何證明這一點？

第5章：堅持 Assert

1. 你熟悉巴蘭和他會說話的驢子這個故事嗎？在故事中，一隻不起眼的動物為眼前情況帶來了意外的洞察。你曾因為大自然中的動物或其他東西而「看清」什麼事嗎？

2. 你是否曾認為自己是有遠見的人嗎？你認識任何有遠見、值得效法的人嗎？

3. 你小時候是否被灌輸過某些價值觀？如果有，這些價值觀是什麼？為什麼這些價值觀如此重要？

4. 在今日世界，有誰代表了你的真實聲音？你能從他們身上學到些什麼？

第6章：集結 Assemble

1. 你比較像開場故事裡的席芭，還是祖妮呢？

2. 人所仰慕的英雄會隨人生進展而變化。你還記得自己人生不同階段尊敬的對象嗎？

3. 你對拓展人脈有什麼看法？你在這方面有過好或不好的經驗嗎？

4. 想想跟你同一掛的那些人，也就是真正「懂」你或你的工作的那些人。你會怎麼形容你的群體？是什麼讓他們如此特別？

第7章：資產　Assets

1. 在你的生活中，有誰是堅韌的典範嗎？怎麼說呢？
2. 為什麼「重振旗鼓」是一大挑戰？
3. 回顧過去，你是否曾因為擔心風險太大而錯失了機會？
4. 為了達到目標，你堅持某件事最久是多久？當你終於完成打算要做的事，感覺如何？

第8章：令人驚奇　Astound

1. 你讀過《大峽谷的小光》這本書嗎？你對這個故事印象最深刻的是什麼？如果你從沒讀過，會想去找來看嗎？
2. 你想向誰證明他們對你真正的樣子和能力的看法是錯的？

3. 你認識最非凡的人是誰？你從此人的生活方式得到什麼啟發？

4. 你如何看待佛瑞德・羅傑斯的「神聖空間」概念，以及他能與孩子一起很有效地使用這個概念？你認為和成年人一同創造一個神聖空間容易嗎？為什麼呢？

第9章：登高 Ascend

1. 談到完成工作，你會如何描述自己的正常生活步調？急急忙忙？悠哉悠哉？拖拖拉拉？

2. 本書作者介紹了「配速」和「馱運貨物」的概念。它們各有什麼好處？兩者並用又有什麼好處？

3. 聽從並跟隨直覺對你來說是很可怕，還是充滿力量？你想在這個世上以什麼樣的存在出現？

4. 你上一次停下來認真思考某個決定是什麼時候？你認為這對結果有影響嗎？

第10章：協助　Assist

1. 路易斯．索里亞諾的故事讓你印象最深的是什麼？
2. 你欣賞服務型的人具備的哪些特質？如果參與過任何服務計畫，你學到什麼能幫助你造福他人？
3. 你是否曾為了幫助他人而付出過多，結果感到精疲力竭？你從那次經驗中得到了什麼教訓？
4. 談到「獨力完成」或與團隊成員分擔工作，哪一個聽起來對你更有吸引力？

第11章：睡眠與玩樂　Asleep & Aswirl

1. 你認為瑞秋選擇了最精采的驢子插畫作品，為本書畫上圓滿的句號嗎？如果答案是肯定的，你為什麼這麼認為？

2. 你是否認為休息是可以交易的東西？從實招來。是什麼讓你陷入這種心態？

3.「玩樂能加深你的認同感，讓你結識一群興趣相投的人，並且在工作時增強你的能力，讓你更努力、更聰明地工作。」你同意這個看法嗎？你有沒有想過玩樂能帶來多大的回報？你還會以同樣的方式看待玩樂嗎？

4. 你的生活快樂嗎？你現在準備好了嗎？

結論：星號 Asterisk

1. 瑞秋意識到，寫這本書讓她看見多年來甚至不知道一直指引自己方向的真相。你生活中也有類似的事能當成佐證嗎？本書的GOLD架構能引起你的共鳴嗎？

致謝

在此我要向協助催生本書的所有人致上最高的敬意！

我永遠感謝丈夫湯姆，他不斷鼓勵我寫下心中的想法，還有我們的孩子和他們的另一半（Lauren 和 Robert Penn、Meghan 和 Nathan Miller、Grayson 和 Emily Ridge），他們不斷在一旁為我加油。即使當我的腦子正在做白日夢，但只要想到你們和你們愛我的方式，我的心就無比喜悅。

Tyndale 的優秀團隊為這本書做了卓越的貢獻。發行人 Sarah Atkinson 對我的驢子故事的興趣從未動搖過，她和企畫編輯 Christina Garrison 從一開始就「懂」我的想法。非常感謝 Bonne Steffen 潤飾我的文字，找出我想表達的核心內容，我喜歡和她一起共事。我的文案編輯 Annette Hayward 善於發現我沒注意到的內容，她的建議讓本書變得更好。Dean Renninger 提供的藝術指導和 Libby Dykstra 令人驚豔的封面與內頁設計，讓本書更加生動有趣。當我看見書封的第一眼就為之傾倒，至今仍忘不了那種震撼呀，Libby！還有排版 Laura Cruise 慨然承擔此書的挑戰。我也要感謝製作團隊 Megan Alexander 和 Raquel Corbin，行銷部門的 Kristi Gravemann 和 Kristen Magnesen，以及公關 Katie Dodillet。這一路上的每一步都很重要。感謝所有人的辛勤工作，你們的足智多謀、韌性和決心讓這本書像金子一樣閃閃發光。我很感激大家。

愛你們的瑞秋

參考文獻

第 1 章

1. 「最重要的是，不要停止發問」：William Miller, "Death of a Genius: His Fourth Dimension, Time, Overtakes Einstein," *Life* 38, no. 18, 64.
2. 美國史上第一批取得發明專利的女性之一：David Lindsay, *House of Invention: The Secret Life of Everyday Products* (Lanham MD, Lyons Press, 2002), 125–29.

第 2 章

1. 「為喬治・華盛頓將軍提出私人請託」：Find more about this story at José Emilio Yanes, "Royal Gift (Donkey)," George Washington's Mount Vernon (website), accessed April 27, 2022, https://www.mountvernon.org/library/digitalhistory/digital-encyclopedia/article/royal-gift-donkey/; and Alexis Coe, "George Washington Saw a Future for America: Mules," *Smithsonian Magazine*, February 12, 2020, https://www.smithsonianmag.com/history/george-washington-saw-future-america-mules-180974182/.
2. 「真正的歸屬感是一項深深相信自己且歸屬於自己的精神修練」：Brené Brown, *Braving the Wilderness: The Quest for True Belonging and Courage to Stand Alone* (New York: Random House, 2019), 40, italics in the original.
3. 湯姆・薛狄艾克在好萊塢過著「他最好的生活」：James Altuchner, "Tom Shadyac Had It All, and Gave It Away," *Observer*, April 15, 2014, https://observer.com/2014/04/tom-shadyac-had-it-all-and-gave-it-away/.
4. 「同輩中最出色的爵士樂演繹者」："Changing Channels," *Washington Post*, June 9, 2019, https://www.washingtonpost.com/graphics/2019/lifestyle/women-over-50/. See also http://www.bettyelavette.com/content/about.

第 3 章

1. 驢子節：Patricia Kasten, "A Feast Day for the Humble Donkey," Compass, January 12, 2013, https://www.thecompassnews.org/2013/01/a-feast-day-for-the-humble-donkey/.
2. 「兩個永恆的交會」：Henry David Thoreau, *Walden* (Oxford: Oxford University Press, 1997), 17.
3. 它能緩解壓力並使人得到平靜：Robert Emmons, "Why Gratitude Is Good," *Greater Good Magazine*, November 16, 2010, https://greatergood.berkeley.edu/article/item/why_gratitude_is_good.
4. 領導者和管理者能做的最有影響力的事：Magdalena Nowicka Mook, "Good Leaders Acknowledge Their Employees Often," *Harvard Business Review*, March 30, 2021, https://hbr.org/sponsored/2021/03/good-leaders-acknowledge-their-employees-often.

第 4 章

1. 華德・迪士尼遵循：Wikipedia, s.v. "Land of Toys," last modified October 7, 2021, 23:52, https://en.wikipedia.org/wiki/Land_of_Toys.
2. 「影響我們理解、行動和決策的態度或刻板印象」：Charlotte Ruhl, "Implicit or Unconscious Bias," Simply Psychology, July 1, 2020, https://www.simplypsychology.org/implicit-bias.html.
3. 當米開朗基羅應教宗儒略二世之邀：Jennie Cohen, "7 Things You May Not Know about the Sistine Chapel," History, October 26, 2021, https://www.history.com/news/7-things-you-may-not-know-about-the-sistine-chapel.
4. 創造正向思考模式的高速公路：Courtney Ackerman, "What Is Neuroplasticity? A Psychologist Explains," Positive Psychology, last updated March 28, 2022, https://positivepsychology.com/neuroplasticity/.

第 5 章

1. 知名的古代中東術士巴蘭大發雷霆：The story of Balaam and his donkey (called

Tahira here) is based on the biblical account of Balaam and his donkey found in Numbers 22.

2. 「預見未來並不是凝視算命師的水晶球」：James M. Kouzes and Barry Z. Posner, *The Leadership Challenge* (Hoboken, NJ: Wiley & Sons, 2017), 103.
3. 「領導者必須直接、公開地談論誠信」：Robert Chesnut, "How to Build a Company That (Actually) Values Integrity," *Harvard Business* Review, July 30, 2020, https://hbr.org/2020/07/how-to-build-a-company-that-actually-values-integrity.

第 6 章

1. 喬治・華盛頓栽培亞歷山大・漢彌爾頓："Alexander Hamilton and His Patron, George Washington," PBS American Experience, accessed May 2, 2022, https://www.pbs.org/wgbh/americanexperience/features/hamilton-and-his-patron-george-washington/.
2. 克莉絲汀・謝爾是個忙碌的四寶媽：Kristin Schell, *The Turquoise Table: Finding Community and Connection in Your Own Front Yard* (Nashville, TN: Thomas Nelson, 2017). See also The Turquoise Table website at https://theturquoisetable.com/.

第 7 章

1. 「它適應力強、可靠且頑強」：Mark Shannon, quoted in Rose Murray Brown, "The Donkey Grape," Rose Murray Brown Masterclass, March 11, 2016, https://www.rosemurraybrown.com/rose-uncut/articles/the-donkey-grape.
2. 從前從前，一頭小驢子問爺爺：Harvey Mackay, "Be Resourceful to Be Successful," Des Moines Register, February 1, 2015, https://www.desmoinesregister.com/story/money/business/columnists/2015/02/02/harvey-mackay-resourceful/22592569/.
3. 「能讓你卓然不群的，不是你遭遇的事」：Zig Ziglar, *Something to Smile About: Encouragement and Inspiration for Life's Ups and Downs*(Nashville, TN: Nelson, 1997), 33.
4. 瑪洛莉・韋格曼……下半身癱瘓：See Mallory Weggemann, *Limitless: The Power of Hope and Resilience to Overcome Circumstance* (Nashville, TN: Thomas Nelson, 2021).

5. 被解雇後，身為建築師的他：Pat Flynn, *Let Go: How to Transform Moments of Panic into a Life of Profits and Purpose* (Flynnspired Productions, Audiobook version, 2016).
6. 「目標或主張堅定不移；堅決的」：*Random House Kernerman Webster's College Dictionary* (2010), s.v. "stubborn," accessed May 3, 2022, https://www.thefreedictionary.com/stubborn.
7. 「追求長期目標的堅持和熱情」：Angela Duckworth website, FAQ: "What Is Grit?," accessed May 3, 2022, https://angeladuckworth.com/qa/.
8. 「恆毅力並不是得到極大的鼓舞或勇氣」：James Clear, "Grit: A Complete Guide on Being Mentally Tough," accessed May 3, 2022, https://jamesclear.com/grit.

第8章

1. 有隻小豬……吃著澆滿糖漿的鬆餅：Laura Numeroff, *If You Give a Pig a Pancake*, illus. Felicia Bond (New York: HarperCollins, 1998).
2. 艾利森不被看好的道路讓她建立了成功的企業：For more information, visit alisonlumbatis.com.
3. 老布希總統以其私人手寫信而聞名：Nancy Olson, "George H. W. Bush's Life in Letters," Forbes, December 3, 2018, https://www.forbes.com/sites/nancyolson/2018/12/03/george-h-w-bushs-life-in-letters/?sh=56c47ac37fa5; see also George H. W. Bush, *All the Best, George Bush: My Life in Letters and Other Writings* (New York: Scribner, 2013).

第9章

1. 是新墨西哥州駄驢隊的創始成員，也是西部駄驢協會的成員：See NM Pack Burros, nmpackburros.com, and the Western Pack Burro Association website, https://www.packburroracing.org/board-members.
2. 「理解成功真正的要件」：Dorie Clark, *The Long Game: How to Be a Long-Term Thinker in a Short-Term World* (Boston, MA: Harvard Business Review Press, 2021), 206.
3. 成了舉世聞名的攝影師：Chase Jarvis, *Creative Calling: Establish a Daily Practice,*

Infuse Your World with Meaning, and Succeed in Work + Life (New York: Harper Collins, 2019), 614.
4. 「直覺低聲告訴我們」：Jarvis, *Creative Calling*, 11.
5. 「存在指的是」：Amy Cuddy, *Presence: Bringing Your Boldest Self to Your Biggest Challenges* (New York: Little, Brown Spark, 2015); Audiobook version narrated by Amy Cuddy (Audible, 2021), 00:46:21-55.

第 10 章

1. 阿爾法和貝托是「驢子圖書館」的運送者：Graham Keeley, "Meet Luis Soriano, the Spanish Teacher Bringing Books to Children in Rural Colombia by Donkey," iNews, September 24, 2021, https://inews.co.uk/news/world/meet-luis-soriano-spanish-teacher-colombia-bringing-books-children-donkey-library-1214835.
2. 拉格洛里亞地區啟用的首座圖書館：Jordan Salama, "Luis Soriano Had a Dream, Two Donkeys, and a Lot of Books," Atlas Obscura, November 17, 2021, https://www.atlasobscura.com/articles/biblioburro-colombia.
3. 目前全世界約有四千兩百萬頭役用驢子，支持著超過兩億五千萬人：Stephanie L. Church, "Beasts of Burden," *The Horse*, accessed May 4, 2022, https://thehorse.com/features/beasts-of-burden-africas-working-horses-and-donkeys/; Freya Dowson, "Working Donkeys and Horses from around the World in Pictures," *Guardian*, December 22, 2015, https://www.theguardian.com/global-development-professionals-network/gallery/2015/dec/22/working-donkeys-and-horses-from-around-the-world-in-pictures.
4. 出生在尼泊爾偏鄉的一個窮困家庭：Ali Gripper, *The Barefoot Surgeon. The Inspirational Story of Dr Sanduk Ruit, the Eye Surgeon Giving Sight and Hope to the World's Poor* (Crows Nest, NSW, Australia: Allen & Unwin, 2018).
5. 梅根，她是幼兒音樂的專家：See the Flourish Music Facebook page at https://www.facebook.com/flourishmusicclass/.
6. 以 @citygirlinnature 這個名號闖蕩的葵希亞："A Case for the Transformational Power of Nature and Adventure," Now on Earth website, accessed May 4, 2020, https://www.nowonearth.com/story-city-girl-in-nature/. Learn more about Kwesia at citygirlinnature.com.
7. 布魯克是家非營利組織，致力於協助世界各地的驢子：Learn more about this

worthy international nonprofit at https://www.thebrooke.org/.

第 11 章

1. 「在絕望和希望之間的最佳橋梁」：Matthew Walker, *Why We Sleep: Unlocking the Power of Sleep and Dreams* (New York: Scribner, Kindle version, 2017), 152.
2. 睡眠剝奪和心血管疾病：Walker, *Why We Sleep*, 49.
3. 著名的午睡愛好人士包括：亞里斯多德、達文西：Elizabeth Scott, "The Overwhelming Benefits of Power Napping," Verywell Mind, January 2, 2020, https://www.verywellmind.com/power-napping-health-benefits-and-tips-stress-3144702; Victoria Webster, "11 Most Surprising Famous People Who Loved to Nap," Carousel, February 5, 2022, https://thecarousel.com/health/11-most-surprising-famous-people-who-loved-to-nap/.
4. 「玩樂是如此重要」：Meredith Hodges, *Training Mules and Donkeys: A Logical Approach to Longears* (Las Vegas: Alpine Publishing, 1993), 16.
5. 玩樂的機會創造出：Jennifer Wallace, "Why It's Good for Grownups to Go Play," May 19, 2017, https://www.washingtonpost.com/national/health-science/why-its-good-for-grown-ups-to-go-play/2017/05/19/99810292-fd1f-11e6-8ebe-6e0dbe4f2bca_story.html.
6. 「人類生來就是要玩耍，而且玩耍可以塑造我們」：Stuart Brown, *Play: How It Shapes the Brain, Opens the Imagination, and Invigorates the Soul* (New York: Penguin, 2009), 5–6.
7. 工作中的玩樂能減少疲乏："Playing Up the Benefits of Play at Work," Association for Psychological Science, October 13, 2017, https://www.psychologicalscience.org/news/minds-business/playing-up-the-benefits-of-play-at-work.html, emphasis added.
8. 「找出你的使命，就能體會到更多快樂」：Bob Goff, *Undistracted: Capture Your Purpose, Rediscover Your Joy* (Nashville: Thomas Nelson, 2022), 9.
9. 「你們看！」姬兒突然說：C. S. Lewis, *The Last Battle* (New York: Harper Trophy, 1994), 190–91.

Eurasian Publishing Group
圓神出版事業機構
用心與你對話・視野無限寬廣
先覺出版社
Prophet Press

www.booklife.com.tw　　reader@mail.eurasian.com.tw

人文思潮 173

驢子法則：人生很長，跑得快的不一定笑到最後

作　　者／瑞秋・安妮・里奇（Rachel Anne Ridge）
譯　　者／陳筱宛
發 行 人／簡志忠
出 版 者／先覺出版股份有限公司
地　　址／臺北市南京東路四段50號6樓之1
電　　話／（02）2579-6600・2579-8800・2570-3939
傳　　真／（02）2579-0338・2577-3220・2570-3636
副 社 長／陳秋月
資深主編／李宛蓁
責任編輯／林淑鈴
校　　對／劉珈盈・林淑鈴
美術編輯／蔡惠如
行銷企畫／陳禹伶・黃惟儂
印務統籌／劉鳳剛・高榮祥
監　　印／高榮祥
排　　版／杜易蓉
經 銷 商／叩應股份有限公司
郵撥帳號／ 18707239
法律顧問／圓神出版事業機構法律顧問蕭雄淋律師
印　　刷／祥峰印刷廠
2024 年4月　初版

THE DONKEY PRINCIPLE: THE SECRET TO LONG-HAUL LIVING IN A RACEHORSE WORLD by Rachel Anne Ridge

定價400 元　ISBN 978-986-134-492-8

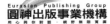

我們僅看見他人最好的一面，就逕自與他們進行比較。可是，自己最差的一面，只有本人知道。大家比較的對象都是只有本人知道的低谷和他人展現出的顛峰。因此，從漫長的人生旅途和各種事件來看，「比較」真的很不切實際。

——《40歲起的人生課：解鎖真正人生，化解焦慮的力量之書》

國家圖書館出版品預行編目資料

驢子法則：人生很長，跑得快的不一定笑到最後／
瑞秋．安妮．里奇（Rachel Anne Ridge）著；陳筱宛 譯.
-- 初版. -- 臺北市：先覺出版股份有限公司，2024.4
304 面；14.8×20.8 公分 --（人文思潮；173）
譯自：The Donkey Principle: The Secret to Long-Haul Living in a Racehorse World
ISBN 978-986-134-492-8（平裝）

1. CST：自我實現　2. CST：生活指導

177.2　　113002082

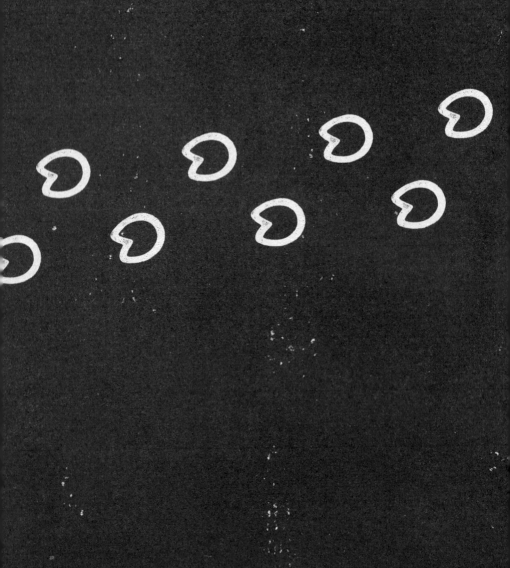

GO BACK